E-Book inside

Mit dem Kauf dieses Buchs erhalten Sie das zugehörige E-Book gratis. Sie können dabei aus zwei Dateiformaten wählen: EPUB (gängiges Format für E-Reader und Tablets) und PDF (für PC und Laptop). So kommen Sie an Ihr kostenloses E-Book:

Rufen Sie im Internet diese Website auf:
↗ http://www.junfermann.de/ebook-inside

Geben Sie den unten stehenden Code in das dafür vorgesehene Feld ein und klicken Sie → Code einlösen. Nach Eingabe Ihrer E-Mail-Adresse und Auswahl des E-Book-Formats erhalten Sie sofort einen Download-Link für das gewünschte E-Book an Ihre E-Mail-Adresse.

Bitte beachten Sie, dass der Code für Sie personalisiert wird und nur einmal gültig ist. Die Datei müssen Sie zunächst auf Ihrem Computer speichern, bevor Sie sie auf ein mobiles Endgerät überspielen können.

ZGIKYBHF

Barbara Leitner

Gewaltfreie Kommunikation in der KiTa

Wertschätzende Beziehungen gestalten – zu Eltern, Kindern, im Team und zu sich selbst

www.junfermann.de

planetpsy.de

blogweise.junfermann.de

www.facebook.com/junfermann

x.com/junfermann

www.youtube.com/user/junfermann

www.instagram.com/junfermannverlag

BARBARA LEITNER

GEWALTFREIE KOMMUNIKATION IN DER KITA

WERTSCHÄTZENDE BEZIEHUNGEN GESTALTEN – ZU ELTERN, KINDERN, IM TEAM UND ZU SICH SELBST

10 Geschichten und 25 Übungen

Junfermann Verlag
Paderborn
2020

Copyright © Junfermann Verlag, Paderborn 2020

Coverbild © Image'in – stock.adobe.com

Grafiken Heike Reuter – www.heikita-design.de

Covergestaltung / Reihenentwurf JUNFERMANN Druck & Service GmbH & Co. KG, Paderborn

Satz & Layout JUNFERMANN Druck & Service GmbH & Co. KG, Paderborn

Bibliografische Information der Deutschen Nationalbibliothek

Die Deutsche Nationalbibliothek verzeichnet diese Publikation in der Deutschen Nationalbibliografie; detaillierte bibliografische Daten sind im Internet über http://dnb.d-nb.de abrufbar.

ISBN 978-3-7495-0155-7
Dieses Buch erscheint parallel als E-Book.
ISBN 978-3-7495-0156-4 (EPUB), 978-3-7495-0158-8 (PDF)

MIX
Papier | Fördert gute Waldnutzung
FSC® C013205

Für das Kind, das ich einmal war, und alle Kinder,
die ich in ihrem Leben begleite(te).

Inhalt

Übungsverzeichnis

Seit einigen Jahren beteiligt ihr Team die Kinder mehr und mehr an allen sie betreffenden Angelegenheiten. Durch den Prozess ist Franziska dafür sensibilisiert worden, welche Macht sie als Erzieherin im Alltag hat. Sie ist es, die Ansagen macht, die sagt, wo es wie lang geht; die vorgibt, wer was machen darf und welches Material bekommt; auch wie welches Kind beurteilt wird. Das war der erfahrenen Erzieherin in diesem Maße gar nicht bewusst. Heute stimmt sie dem zu: „Ja, so ist es!"

Aufgrund dieser Gespräche mit den Kolleg*innen begann sie, ihre eigene Rolle im KiTa-Alltag weiter zu hinterfragen. Wer ist sie eigentlich? Bezugs- und Vertrauensperson, Trösterin und Ermutigerin, Helferin und Initiatorin, Raumhalterin und Beraterin? Oder doch eher Aufseherin, Dompteurin, Aufpasserin, Richterin oder Polizistin? Das für sich selbst zu definieren und die verschiedenen Rollen in den unterschiedlichen Situationen und für unterschiedliche Kinder auseinanderzuhalten ist nicht einfach.

Franziska stellt fest, dass sie immer wieder in die Rolle der Aufseherin hineinrutscht, dazu neigt, laute Forderungen an die Kinder zu stellen. Dabei kann sie unerbittlich und hart werden. Allein das zu erkennen ist schon schwer genug. Noch schwieriger wird es, weil Franziska weiß, dass dieses Verhalten in ihrer Einrichtung nicht akzeptiert ist. Die Kolleg*innen des Teams diskutierten in Dienstbesprechungen darüber, was sie unter einem angemessenen, unterstützenden pädagogischen Verhalten verstehen und wie sie gemeinsam handeln wollen. Dafür nutzten sie auch sogenannte „Verhaltensampeln".[12] Das Team legt fest, welche Handlungen sanktioniert werden sollen. Dazu gehört, laut zu werden, zu schreien und Kinder zu zwingen, wenn einem als Erwachsener ein Verhalten nicht passt.

Die Reflexion im Team hat der erfahrenen Fachfrau geholfen, ein Gefühl dafür zu bekommen, wie sie mitunter auf andere wirkt. Prinzipiell wird Franziska von den Kindern, Kolleg*innen und Eltern geschätzt. Bis auf dieses Lautwerden. Das war ihr gar nicht so bewusst. So hat sie sich selbst nicht gesehen, so will sie nicht sein. Im Kontakt mit diesem Widerspruch bittet sie um ein Coaching. Sie will verstehen, was sie dazu treibt, so zu handeln.

In der Sitzung lade ich Franziska zunächst ein zu spüren, was dieses „Nein" eines Kindes bei ihr auslöst. Gemeinsam erkunden wir, welche gute Absicht sich die Erzieherin erfüllt, wenn sie hart und streng wird und als eine Art Aufseherin agiert. Eine Grundannahme der GFK lautet: Alles, was wir tun, tun wir, um uns Bedürfnisse zu erfüllen. Und hier gilt wiederum: Wenn wir dieses Bedürfnis anerkennen und wür-

12 Vgl. u. a. Arbeitshilfe Kinder- und Jugendschutz in Einrichtungen (2015). Der Paritätische Gesamtverband (Hrsg.), online verfügbar unter: ↗ https://www.paritaet-berlin.de/fileadmin/user_upload/Dokumente/2016/September/2016_09_29_kinder-und-jugendschutz-in-einrichtungen_web.pdf. Zugriff am 26.03.2020.

digen, wird es leichter, die Haltung und die Handlungen zu verändern. Gleichwohl braucht es eine große Ernsthaftigkeit und dauerhafte Übung, um aus Gewohnheiten auszusteigen.

Pauls Nein zu seiner Teilnahme an dem Morgenkreis lässt in Franziska einen Panzer der Abwehr wachsen. Wo sie sich eben noch offen und entspannt empfunden hat, ist nur noch Härte. „Das kann nicht sein! Wieso hört er nicht auf mich?", denkt sie. In ihr steigt ein MUSS auf. „Die Kinder müssen auf mich hören!" Dieser Absolutheitsanspruch erlaubt es ihr nicht, sich auf die Perspektive des Kindes einzulassen. Sie hat innerlich keinen Raum mehr, um zu überprüfen, wozu Paul „Ja" sagt, wenn er ihr sein Nein entgegenhält. „Wofür steht dieser Panzer? Wobei will er Sie unterstützen?", frage ich die Pädagogin im geschützten Raum.

Franziska entdeckt, dass sie gehört werden will. In dem Moment, wo ihr das klar wird, fällt ihr ein, wie sie als Kind ihre Meinung hinausschrie und doch nicht gehört wurde. Die erwachsene Frau erinnert eine Szene aus ihrer KiTa-Zeit: Sie spielte in sich versunken mit ihrer Puppe, als sich alle anderen Kinder bereits zum Mittagsschlaf hingelegt hatten. Franziska wollte nicht schlafen. Sie wollte still spielen und sich dabei ausruhen. Doch ihre Meinung galt nicht. Eine Erzieherin zerrte die damals Fünfjährige zu ihrer Liege und lies sich auf keine Debatte ein. Diese Erinnerung tut weh. Franziska laufen die Tränen, so macht- und hilflos und überwältigt fühlt sie sich mit dieser Szene aus ihrer eigenen Kindheit. Sie ist ihrem inneren Kind nah, gibt ihm Trost. Weitere, ähnliche Situationen fallen ihr ein. Der Schmerz war tief vergraben. Sie vermeidet, ihn zu fühlen, wenn in ihrem Alltag eine schwierige Situation entsteht. Deshalb hat sie sich einen Panzer der Taubheit und Härte zugelegt.

Als Kind verzichtete Franziska auf ihren Wunsch, sich selbst zu behaupten. Sie wollte akzeptiert werden und zur Gruppe dazugehören. Im Coaching sieht sie, in welcher Zwickmühle sie sich damals befand. Die Fünfjährige nahm einiges auf sich, um Ärger zu vermeiden. Darüber ist die Erzieherin traurig. Zugleich empfindet sie Respekt gegenüber Kindern; das gilt für ihr inneres Kind und die Kinder in ihrer Gruppe. Sie überlegt, dass sie als Kind wohl etwas Ähnliches bewegte wie jetzt Paul. Beide wollen gehört und ernst genommen werden. Das fühlt sich frei und offen an. Jetzt kann sich Franziska vorstellen, mit dem Jungen zu reden. Sie will hören, was ihm wichtig ist, wenn er bei seinem Spiel sitzen bleiben will. Und sie will ihm sagen, warum sie möchte, dass er zum Morgenkreis kommt: Sie schätzt es, wenn Paul den anderen von seinen Spielideen erzählt. Darin liegt so viel Kreativität. Sie spürt ihr Interesse an diesem kleinen Menschen.

2.6 Meine Auslöser und was sie verraten

In einer Kindertagesstätte erleben Erzieher*innen das, was auch Eltern gut kennen. Sie treffen auf Mädchen und Jungen mit einer Offenheit und Verletzlichkeit, die sie als Erwachsene in der Regel nicht mehr haben. Zu oft hörten wir Erwachsene als Kinder zu unseren Ideen, Vorschlägen oder Taten ein Nein, wurden beschämt, gar getadelt oder gestraft. Das geschah nicht, weil uns unsere Eltern oder Begleiter*innen nicht mochten. Sie taten das Beste, das ihnen möglich war. Dennoch bekamen wir als Kinder – und ich verallgemeinere bewusst – nicht oft genug das Ja zu unseren Impulsen und Handlungen, so wie wir es gebraucht hätten. Gleichzeitig wurde das „Nein, ich will nicht!“ häufig einfach nicht gehört und ernst genommen. Das macht es heute noch schwer, die eigene Grenze zu finden und zu markieren.

Das Nein zu hören wäre gleichbedeutend mit einem Aufhorchen: „Ach, das ist interessant. Du hast einen anderen Plan?“ Damit hätten Erwachsene ihren Respekt vor der Meinung des Kindes ausgedrückt.

Ein Ja hätte bedeutet: „Zeig deine Kraft. Du bist richtig. Das gefällt mir!“ Das Nein jedoch übersetzen wir innerlich mit: „Tu das besser nicht. Lass das. Halt diese Seite besser zurück. Das gefällt mir nicht. Damit eckst du nur an.“

Als einzigartige Kinder – geboren mit einem riesigen Potenzial – schränkten wir uns selbst ein und schauten, welcher Weg für uns im Verhältnis zwischen Autonomie und Zugehörig stimmig war, um irgendwie unseren Platz zu finden und unsere Individualität und Kompetenz zu beweisen. Die einen entschieden sich, mehr ihre Freiheit auszuleben und dafür auf die Zugehörigkeit zur Familie oder Gruppe zu pfeifen. Die anderen wollten sich unbedingt einen sicheren Platz in ihrer Gemeinschaft bewahren und nahmen dafür in Kauf, sich anzupassen und weniger selbstbestimmt zu handeln. Auf diese Weise formte sich das Selbstbild des heranwachsenden Menschen. Beide Wege waren mit Verlusten und deshalb auch mit Schmerzen verbunden. Genau damit kommen wir als Erwachsene in Kontakt, wenn sich jemand so verhält, wie wir es uns nicht erlaubt haben bzw. es uns nicht erlaubt wurde.

Werden in einer Situation die frühere Entscheidung und der Verlust berührt, ist das wie ein Kratzen an einer nicht ganz verheilten Wunde. Manchmal reagiert der Körper stark, indem wir z. B. Unruhe oder Panik empfinden. Manchmal hingegen werden wir starr, haben gar keinen Zugang zur eigenen Lebendigkeit. Manchmal können wir nur weglaufen. Das sind die drei Fs, auf die die Psychologie und Neurobiologie verweisen: Kämpfen (fight), Fliehen (flight) und Erstarren (freeze). Fakt ist: Wir haben einen Auslöser. Wir sind getriggert.

Zurück zu Franziska. Nach ihrer Person gefragt, antwortet sie: 43 Jahre alt, verheiratet, Mutter von zwei Kindern, Erzieherin mit Leib und Seele, kompetent, beliebt, Freizeitsportlerin etc. So sieht sie sich selbst, das ist ihr „öffentliches Selbst".

Weniger zugänglich sind ihr jedoch ihre abgespaltenen Anteile: Ihr Drang zur Rechthaberei und ihre latente Gewalt, wenn sie sich nicht gehört und akzeptiert fühlt. Das ist ihr blinder Fleck. Der wird sichtbar, wenn es zum Konflikt kommt. Bei Franziska u. a. dann, wenn ihr ein Kind widerspricht oder auch ein*e Kolleg*in einen Vorschlag von ihr ablehnt. Dann ist der archaische Teil ihres Hirns, die Amygdala, aktiviert, die ein altes Überlebensmuster abspult. Von einem Moment auf den anderen wechselt Franziskas Verfassung, ohne dass sie es selbst kontrollieren könnte.

Die am Beispiel Franziska beschriebene Konstellation findet sich im Johari-Fenster wieder. Es zeigt den Unterschied zwischen Darstellung nach außen, Selbstwahrnehmung und Fremdwahrnehmung. Die beiden amerikanischen Sozialpsychologen Joseph Luft und Harry Ingham entwickelten das Modell in den 1950er-Jahren und bezeichneten es mit den ersten Buchstaben ihrer beiden Vornamen.

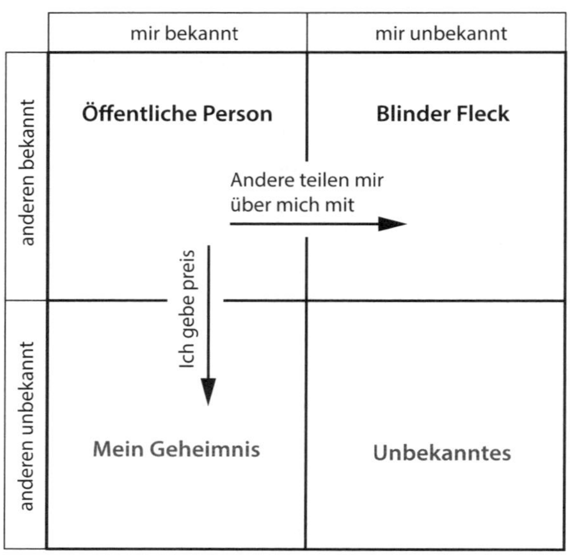

Abbildung 4: Johari-Fenster

An dem Modell wird deutlich: Der Konflikt findet an der Grenze zwischen der „öffentlichen Person“ und dem „blinden Fleck“ statt. Gelingt es, Bewusstheit über die im Lauf der Sozialisation abgespaltenen Anteile zu erlangen, kann man Schattenanteile ans Licht holen und sich selbst besser kennenlernen. Man gewinnt sozusagen eine bisher nicht gelebte Seite zurück und wird mehr zu der Person, als die man auf die Welt kam. Man wird präsenter und kann sich und damit andere Menschen vollständiger annehmen.

Wie für Franziska ist der Alltag in einer Kindertagesstätte für alle pädagogischen Fachkräfte reich an Auslösern. Immer wieder erleben sie Situationen, in denen vor allem Kinder sie mit ihrer Unbedingtheit und Kraft an ihr eigenes eingeschlossenes oder verdrängtes Potenzial erinnern. So wenig angenehm es ist, in einen emotionalen Ausnahmezustand zu geraten, es ist auch eine Chance, vollständiger zu werden und eine freudigere Beziehung zu sich selbst und zu anderen zu entwickeln. Dazu braucht es Mut und Zeit. Zeit, sich selbst tief zuzuhören und dafür möglicherweise Begleitung zu erbitten. Mut, sich den eigenen Schattenseiten zu stellen und mit dem eigenen Gewordensein auseinanderzusetzen. Und auch Geduld, denn nur selten wissen wir sofort, was uns in einer Situation auf die Palme bringt, weglaufen oder zur Salzsäule werden lässt. Übrigens bedarf es für diese Klärung noch einer Voraussetzung, die viel zu wenig in den Kindertagesstätten erfüllt ist: Zeit und Geld für Coaching (individuell und im Team) und Begleitung, um genau jene inneren Konflikte anzuschauen.

Gleichwohl: Wir alle sind verletzte Kinder, die nicht in ihrem vollständigen Potenzial gesehen wurden. Das tut weh. Deshalb haben wir diesen Schmerz im Lauf unseres Lebens verpackt und uns eine Schutzhaut übergestreift. Diese Schutzhaut jedoch verhindert häufig den tiefen Kontakt, nach dem sich vermutlich alle Menschen mehr oder minder sehnen.

Hier ist Selbstempathie hilfreich. Wir merken dann: „Ich bin mehr als ein Wesen, das nur funktioniert. Das immer nur tut, was man von ihm fordert und erwartet und entsprechend von anderen bewertet wird.“ Durch Selbstempathie werden diese Mechanismen gestoppt und wir kommen im Sein an: „Aha, ich bin gerade …“, wie auch immer der Zustand gerade ist. Vielleicht wund und erschöpft, von den vielen Kämpfen, dem vielen Schutzmauern-Bauen oder Weglaufen. Solche Muster verbrauchen einfach viel Energie und sind anstrengend. Ich mit meiner Lebensgeschichte weiß, wovon ich rede! In diesem verletzlichen inneren Raum jedoch gibt es kein Richtig und Falsch mehr, nicht mehr die bohrende Frage: „Bin ich gut genug?“ Wenn wir tatsächlich bei uns ankommen, gibt es nur noch „Ich bin!“, Frieden und eine Neugier, wie die Beziehungsgestaltung im nächsten Moment gelingt.

Selbstempathie ist ein grundlegender Prozess der Verbindung mit sich selbst. In der GFK ist er die Grundlage einer gelingenden, wertschätzenden Verbindung. Ich nehme mich selbst, meinen Körper, meine Gefühle und Gedanken freundlich an und lasse mich so zu meinem Bedürfnis führen: Was ist mir gerade wichtig? Gelingt es mir, mich selbst immer wieder in dieser Weise zu befragen und fürsorglich mit mir selbst zu sein, befinde ich mich im Fluss des Lebens mit all seinen Stromschnellen.

Die GFK kann Erzieher*innen in diesem Prozess der Selbstannahme unterstützen und ihr professionelles Auftreten als Fachkräfte stärken. Eine wertschätzende Begleitung in gegenwärtigen und zurückliegenden schwierigen Situationen und eine Beachtung der unerfüllten Bedürfnisse können helfen, dass sich deren Schönheit im Moment zeigen kann. Dadurch ist Heilung möglich.

Diesen Prozess fördert vor allem eine offene, annehmende Haltung, die man sich selbst entgegenbringt, die aber auch von außen kommen kann, von Kolleg*innen oder Coachs: Kein Gefühl, keinen Gedanken, keine Empfindung zurückweisen und alles, was sich an Freude, Trauer, Schmerz, Verzweiflung, Wut oder Scham zeigen will, willkommen heißen. So lehrte es mich Marshall Rosenberg. Er sah in jedem Gefühl ein Geschenk, dessen Schönheit darin besteht, dass es unsere Lebendigkeit beweist. Und er fügte hinzu: „Ich denke, das Ziel im Leben ist nicht, immer glücklich zu sein, sondern all unser Lachen zu lachen und all unsere Tränen zu weinen. Was immer sich in uns offenbart, es ist das Leben, das sich darin zeigt, und es ist immer ein Geschenk, sich damit zu verbinden“ (Rosenberg 2004a, S. 18).

ÜBUNG: Meine eigenen Auslöser erkennen und heilen

Erinnern Sie sich an eine Situation im KiTa-Alltag, in der Sie sich getriggert fühlten, Ihr Körper stark reagierte oder ein Gedanke sich festhakte. Diese Auslöser verweisen auf unerfüllte Bedürfnisse in der Vergangenheit, die sich entschlüsseln lassen. Dafür lohnt es sich, folgende Fragen zu beantworten:

- Was löst bei Ihnen etwas (ein unangenehmes Gefühl / eine heftige Reaktion / bohrende Gedanken) aus?
- Wann, wie und wo passiert das?
- Gibt es dabei ein Muster?

Ist es Ihnen möglich, eine frühe Erinnerung in Ihrem Leben zu finden, die für Sie mit diesem Auslöser verbunden ist? Erinnern Sie sich nun an eine dieser Situationen, in der Sie aus der Fassung geraten sind, sehr traurig waren oder andere starke Gefühle hatten.

- Was ist damals geschehen?
- Was haben Sie gesehen oder gehört?
- Welche Körperwahrnehmungen und Gefühle sind damit verbunden?
- Welchem Denken kommen Sie in diesem Moment auf die Spur?
- Welche Geschichte erzählen Sie sich darüber?
- Können Sie entdecken, dass es eine Geschichte ist und nicht die Wahrheit?
- Welches Bedürfnis wird dabei berührt?

Wenn Sie Empathie für ein einst unerfülltes Bedürfnis bekommen und sich mit seiner Schönheit verbinden, lohnt die Frage:
- Verstehen Sie die Botschaft, die in dem Stimulus für Sie liegt?

2.7 Lebendig im Hier und Jetzt

„Wie geht es mir?", „Was brauche ich gerade?" Das sind in der GFK zwei zentrale Fragen, die den Prozess der Selbstklärung bzw. der Selbstempathie einleiten. Bevor ich mich mitteile, will ich mich zuerst selbst klären. Ich selbst will anerkennen, wie ich mich gerade fühle und welche Bedürfnisse in mir lebendig sind.

Sich diesen Fragen zu stellen fordert manchmal Überwindung. Gerade, wenn Bedürfnisse im Mangel sind und sich unangenehme Gefühle breitmachen, ist es mitunter schmerzhaft, in diesen Prozess einzusteigen. Belohnt wird man dafür in der Regel mit Gefühlen der Entlastung und Entspannung, durch die die Fülle des Lebens wieder greifbar wird.

Ich selbst hatte im Laufe meines Lebens hohe Mauern um mich herum gebaut, um nicht spüren zu müssen, worüber ich trauerte, was mir alles Schwierigkeiten bereitete, was mich anstrengte. Ich wollte vor allem funktionsfähig sein. Anderen nicht zur Last fallen. Bis ich merkte, wie anstrengend es ist, das Leben und die Lebendigkeit kontrollieren zu wollen. Auch Beziehungen wurden schwieriger, weil ich mich und damit auch die anderen nicht sah.

Noch heute dauert es eine Weile, ehe ich mir meiner Gefühle, Empfindungen und Bedürfnisse in einem bestimmten Moment gewahr werde und für mich klären kann:
- Wie geht es mir gerade?
- Wie nehme ich meinen Körper wahr?
- Was fühle ich?
- Was ist mir wichtig?

Dann erlaube ich mir, mit all dem in einem Fluss zu sein und mich damit zu zeigen sowie mich auszudrücken und für andere offen zu sein.

Der Alltag in einer Kindertagesstätte ist voller Möglichkeiten, sich selbst mit allen Facetten wahrzunehmen. Kinder zeichnet aus, dass sie mit allen Sinnen da sind. Sie lernen, indem sie sehen, riechen, schmecken, hören, spüren. Damit sind auch den Erzieher*innen als Begleiter*innen viele Wege gegeben, mit den Kindern mitzugehen und zugleich für sich selbst zu sorgen. Sie können mit den Kindern malen und kneten, singen und tanzen, hüpfen und springen, sich gegenseitig massieren und Entspannungsübungen machen, in den Garten gehen und mit der Natur in Kontakt sein, die Mahlzeiten vorbereiten und essen. Wenn sie sich bei alle dem bewusst sind, was sie tun und wahrnehmen („Ja, ich knete, spüre und rieche dabei das Material mit seinen Eigenschaften. Ich sehe die Farbe und fühle die Beweglichkeit meiner Hand und meiner Finger."), ist das eine Möglichkeit, sich mit sich selbst zu verbinden. Vielleicht gelingt es, wie in Zeitlupe zu agieren oder innezuhalten und anzuerkennen: „Das tut mir wirklich gut!" Wenn Sie sich als Fachkraft dafür genügend Zeit zugestehen, werden Sie vermutlich spüren, wie sich Ihr Körper entspannt und mehr Leichtigkeit bei Ihnen einzieht.

Eine Pause für Selbstempathie

Einen einfühlsamen Kontakt mit sich selbst aufzubauen ist keine einmalige Aktion, sondern eine wiederholt zu erfüllende Aufgabe.

Als Rundfunkjournalistin arbeite ich in den Studios der Sendeanstalten mit Toningenieur*innen zusammen. Spätestens seit Beginn dieses Jahrtausends produzieren sie die Sendungen digital vor dem Bildschirm und nicht mehr am Schaltpult. Die Gewerkschaft hat mit den Sendern ausgehandelt, dass die Techniker*innen in jeder Stunde vor dem Computer wenigstens fünf Minuten Pause machen und vom Bildschirm Abstand nehmen müssen, im Interesse der Gesundheitsfürsorge.

Solch eine Möglichkeit wünsche ich mir für pädagogische Fachkräfte in Kindertagesstätten: Jede Stunde für einige Minuten vom Gruppengeschehen mit den Kindern Abstand nehmen zu können und Zeit für Selbstempathie zu haben. Ich bin sicher: Das würde sich positiv auf die Gesundheit der Fachkräfte auswirken und die Krankheitsanfälligkeit in einigen Bereichen enorm verändern.

Ich habe in meinem Arbeitszimmer eine Uhr, deren Vogelruf mich zu jeder vollen Stunde auffordert, kurz die Arbeit zu unterbrechen und bei mir anzukommen. Ich strecke mich, schließe kurz die Augen und lausche nach innen: „Bin ich okay oder braucht etwas Aufmerksamkeit?"

In Workshops beginne ich die Seminareinheiten in der Regel mit einigen bewussten Atemzügen, um mich mit dem Jetzt und Hier zu verbinden und meine Intention klar auszurichten. Dazu lade ich häufig auch die Teilnehmer*innen ein. Ich schlage ihnen vor, für einige Minuten auf die Ein- und Ausatmung zu achten. Bewusst führen wir uns mit dem Einatmen frische Energie zu und lassen mit dem Ausatmen all das los, was wir in dem Moment nicht brauchen. Wir nutzen die Chance, bei uns zu sein. Nicht alle schließen sich dieser kurzen Meditation an – und es ist ihre freie Entscheidung. Gleichwohl gibt es einige, die nach dem Workshop mitteilen: „Das war eines der Highlights für mich." Oder: „Ich habe einen Ort der inneren Ruhe gefunden. Ich wusste gar nicht, dass ich den habe."

Außerdem sammeln wir in Seminaren häufig Möglichkeiten, wie pädagogische Fachkräfte in ihrem Alltag für sich selbst sorgen können. Wie gelingt es ihnen, sich auch bei Anstrengung, Ärger oder Aufregung wieder einzupendeln und zu entspannen, um in Frieden mit sich und mit den Kindern zu sein? Einige Möglichkeiten seien hier vorgestellt:

- bewusst atmen,
- Wasser trinken,
- die Wärme einer warmen Kaffee- oder Teetasse spüren,
- aus dem Fenster in die Natur schauen und wenige Sekunden einen Vogel beobachten oder einen Baum betrachten,
- ein stärkendes inneres Bild (aus einer Fantasiereise oder Bedürfnismediation) erinnern, sich einen inneren Schutzraum schaffen,
- singen oder summen,
- einige achtsame Bewegungen (mit oder ohne Kinder) durchführen (z. B. aus dem Qigong),
- Fingerstellungen (Mudras) aus dem Yoga nutzen oder Klopfen von Energiepunkten,
- auf die Toilette gehen oder überhaupt aus einer Situation rausgehen,
- bewusst die Füße auf der Erde oder den Po auf dem Boden spüren – sich erden,
- bewusst langsam gehen, den Atemfluss wahrnehmen und sich dabei spüren,
- bis zehn zählen,
- die Perspektive wechseln – aus einem anderen Blickwinkel auf die Situation schauen;
- lachen.

Was sind Ihre Strategien, die für Ihr Strahlen sorgen und Sie entspannt und lebendig mit den Kindern durch den Alltag gehen lassen? Denn das – so sagen Ergebnisse aus der Forschung[13] – ist es, wonach sich Kinder sehnen und woran sie sich später gerne erinnern: an echte, authentische Menschen, die in ihrer Offenheit und Lebendigkeit da sind. Kinder wollen Erwachsene erleben, die nicht nur ein Programm erfüllen, sondern sich mit ihrer Leidenschaft zeigen und damit in Beziehung zu den Kindern gehen.

---

13 Das ist eines der Ergebnisse der Classroom-Forschung, wie sie in der Hattie-Studie veröffentlicht wurde. Vgl. Spiewak 2013.

2.8 Weitere Übungen auf dem Weg zu sich selbst

ÜBUNG: Achtsam für Körper und Geist

Auf dem Weg zu sich selbst kann es hilfreich sein, die eigene Körperwahrnehmung zu schulen. Denn schneller, als wir es kognitiv erkennen, „weiß" unser Körper bereits, dass wir angespannt sind, Magendrücken haben, uns ein Kloß auf der Kehle steckt oder, oder ...

In der Regel wiederholen sich solche somatischen Zeichen. Je weniger sie übergangen werden, desto besser lassen sie sich lesen als Hinweise auf unsere eigenen Bedürfnisse.

- Was ist die Botschaft hinter dem Körpergefühl?
- Wenn das Körperteil, die Körperregion sprechen könnten, was würden sie sagen?
- Welchem Bedürfnis kommen Sie auf die Spur?
- Wie können Sie für das Bedürfnis sorgen und es vielleicht sogar erfüllen?

Ebenso kann es hilfreich sein, sich des eigenen Denkens bewusst zu werden. „Ah, ich denke, das Kind ist ein Dickkopf. Interessant!" Allein sich selbst beim Denken zu beobachten, schafft Abstand. Gleichzeitig können Sie sich mit den folgenden Fragen in die Realität zurückholen und klären:

- Was sind die Daten und Fakten?
- Was genau sehe, höre, rieche und schmecke ich?
- Wer tut oder sagt konkret etwas zu einem bestimmten Zeitpunkt, in einer spezifischen Situation?
- Mit welchen meiner eigenen Gefühle und Bedürfnisse komme ich in Kontakt, wenn ich das Verhalten beobachte?

ÜBUNG: Wie bin ich da?[14]

Es lohnt sich, ein Gefühl dafür zu entwickeln, welche Energie Sie als pädagogische Fachkraft in den Raum tragen. Unterstützt die eigene innere Verfassung die Atmosphäre, in der Sie mit den Kindern (oder anderen Menschen) zusammen sein wollen? Wie wollen Sie anderen begegnen? Überprüfen Sie sich selbst, bevor Sie in einen Raum betreten. Wie sind Sie gerade „da"?

- Sind Sie gestresst, verängstigt oder wütend?
- Sind sie anderen gegenüber verschlossen?
- Sind Sie festgelegt in dem, was wie passieren soll, und ohnmächtig, wenn es nicht geschieht? Wollen Sie recht haben?
- Soll es nach Ihrer Nase gehen?

14 Diese Übung lernte ich bei einem Seminar mit Jesse Wiens und Chatherine Cadden kennen.

Dann setzen Sie sich möglichst selbst ein Stopp! Denn unter diesen Voraussetzungen sind Konflikte vorprogrammiert. Kümmern Sie sich um sich selbst, bis Sie eine Veränderung bemerken. Überprüfen Sie sich dann erneut:

- Sind Sie neugierig auf die anderen und offen für Verbindung?
- Sind Sie offen für jedes Ergebnis, mit dem auf die Bedürfnisse aller geantwortet wird?
- Wissen Sie, dass Sie nicht alle Antworten haben?
- Wollen Sie von den anderen etwas erfahren und lernen?
- Haben Sie Freude daran, das Leben zu erfahren, wie auch immer es sich gerade zeigt?

Wenn Sie auf diese Fragen ein Ja haben, sind Sie auf eine Weise präsent, die es Ihnen ermöglichen wird, sich ehrlich auszudrücken und anderen zuzuhören.

Übung: Lob des Fehlers

Wie gehen Sie mit sich selbst um, wenn Ihnen ein Fehler unterlaufen ist?

Kein Mensch ist perfekt. Fehler gehören zum Leben. Wie reden Sie mit sich, wenn Sie entdecken, dass Ihnen etwas nicht oder nicht gut gelungen ist? Für Marshall Rosenberg war jede Abwertung, die ihm über sich selbst in den Kopf kam, eine Chance zum Üben. Auch die Teilnehmer*innen in seinen Seminaren ermutigte er, entsprechend zu handeln. Zugleich betonte er: Nur wenn ich mich Hunderte Mal verurteilt habe und übe, wird es eine Gewohnheit, darüber nachzudenken, was ich fühle und brauche (vgl. Rosenberg 2004, S. 150)!

- Was haben Sie gesagt oder getan, von dem Sie jetzt wünschen, Sie hätten es nicht gesagt oder getan?
- Welche Urteile und welche Kritik kommen Ihnen in den Kopf?
- Welche Gefühle und Bedürfnisse sind mit diesem Fehler verbunden und welche mit den Wünschen oder Ansprüchen, die Sie hatten?
- Wie fühlen Sie sich jetzt und was ist Ihnen wichtig, wenn Sie sich jetzt mit dem Thema auseinandersetzen?
- Welche Bitten haben Sie an sich selbst und wie wollen Sie die Situation klären?

3. „Wir sind ein starkes Team“ – Beziehungen zu den Kolleg*innen

„Wenn wir uns darüber bewusst sind,
dass wir alle Teil ein und derselben Energie sind,
dass wir also alle eins sind,
dann kann keines unserer Bedürfnisse jemals erfüllt sein,
ohne dass dieses Bedürfnis auch bei allen anderen Menschen erfüllt ist.“

(Marshall B. Rosenberg 2004a, S. 130 f.)

Geschichte 4: Was verstehst du unter Ordnung?

Ulrike ist ärgerlich. Ein flüchtiger Blick in ihren Gruppenraum verrät ihr: Gestern hatte Kerstin, die Springerin, Spätdienst. Die Puzzle-Spiele stehen irgendwo im Regal und nicht im dritten Fach von unten, wie die Kinder es entschieden hatten. Nicht alle Bücher im Regal zeigen den Buchrücken nach vorn, sondern einige stehen verkehrt herum oder liegen im Fach. In der Kinderküche stehen noch Teller auf dem Tisch und es liegt Obst neben dem Korb.

In Ulrike brodelt es: Sie merkt, wie ihr die Röte ins Gesicht schießt, sie ihre Hände nicht ruhig halten kann. Mehrmals hat sie Kerstin bereits gesagt, wie sehr es sie nervt, ihren Raum morgens irgendwie durcheinander vorzufinden. Sie will, dass alle Dinge an ihrem Platz sind. Was sie am meisten stört: Kerstin brauchte nur die Kinder zu bitten, sich an die vereinbarte Raumordnung zu erinnern und die Dinge entsprechend zu sortieren. Doch Fehlanzeige! Egal auf welchem Weg Ulrike ihren Missmut äußert, nichts hat bisher gefruchtet. Sie hat den Eindruck, nicht gehört zu werden, wenn sie Dampf ablässt. Deshalb macht sie inzwischen schon mit Kleinigkeiten auf sich aufmerksam und rächt sich an der Kollegin: Sie hört nicht zu, wenn sie etwas erzählt oder sie um etwas bittet, und verschließt sich ihr gegenüber mehr und mehr. Zufrieden macht sie keine dieser Vorgehensweisen.

Was tun in dieser Situation? Ulrike will im Seminar neue Handlungsmöglichkeiten erforschen. Sie lernt zunächst, ihre eigene Wirklichkeit zu erkunden: Was fühle ich jetzt, wenn ich mich an die damalige Situation erinnere? Und was brauche ich, um tatsächlich inneren Frieden zu finden? Bisher hat sie sich weniger mit ihren eigenen Gefühlen und Bedürfnissen beschäftigt, sondern viele Gedanken über Kerstin entwickelt: darüber, was sie falsch macht und wie sie sich anders verhalten sollte.

Ulrike öffnet sich nun ihrer eigenen Perspektive und dafür nutzt sie die vier Komponenten der GFK (siehe Kapitel 1, S. 21):

Zuerst die **Beobachtung**. Es ist nicht einfach, Beobachtungen von Bewertungen zu trennen. Wenn Ulrike formuliert: „Der Gruppenraum ist unordentlich", ist für eine andere Person nicht klar, wovon sie wirklich spricht, denn jeder versteht unter Ordnung und Unordnung etwas anderes. Sagt sie: „Im Gruppenraum ist nichts an seinem Platz", ist das eine Verallgemeinerung und nicht wahr. Das Gegenüber kann sich leicht angegriffen fühlen.

Aber Kerstin würde sicher zustimmen, wenn Ulrike ihr sagt, dass das Puzzle jetzt im zweiten und nicht im dritten Fach liegt und sich in der Kinderküche nicht alle Utensilien im Schrank wiederfinden. Diese geteilte gemeinsame Beobachtung ist in der Regel die letzte Übereinstimmung zwischen Streitenden und deshalb so wichtig für eine Klärung auf Augenhöhe.

3.1 Ärger und andere Gefühle im KiTa-Alltag

Bei Ulrike ist der Ärger nicht zu übersehen und zu überhören. Welche Gedanken und Urteile schwirren in ihrem Kopf herum? Sie wird eingeladen, sich diese bewusst zu machen und auszusprechen. Urteile und Wertungen nannte Marshall Rosenberg „Wolfsgedanken". Zugleich forderte er uns auf, sich in einer „Wolfsshow" dieser Realität des Denkens zu stellen. In der GFK ist das *ein* Weg, zu erkennen, was einem wirklich wichtig ist.[15]

Das ist oft gar nicht so leicht. Insgeheim gibt es eine Scheu, diese wütenden, ärgerlichen und verurteilenden Gedanken ans Licht zu bringen. Irgendeine Instanz in uns sagt uns, dass es nicht gut ist, so über andere zu denken. Wenn sie jedoch im Dunklen bleiben, wüten diese Vorstellungen und Bewertungen im Verborgenen weiter: „Es ist ihre Schuld!" oder: „Das wird ihm noch leidtun", denkt man insgeheim. Nach außen zeigt man sich freundlich. Der untergründige Groll verdirbt jedoch unbewusst den Kontakt. Deshalb ist es besser – im geschützten Raum und nicht gegenüber den Betroffenen! –, diesem inneren Denken auf die Spur zu kommen und die dahinter stehenden Bedürfnisse zu entdecken.[16]

---

15 Daneben kann ich auch herausfinden, was mir wichtig ist, indem ich meine Gefühle wahrnehme oder ich mir überlege, was jetzt das Beste ist, das jemand tun könnte. Alle drei Wege führen zum Bedürfnis.

16 Über die Wirkung von nicht ausgesprochenen Gedanken gibt es eine DJI-Studie über die Beziehung zwischen pädagogischen Fachkräften und Eltern. Mehr dazu in Kapitel 5.

Zurück zu Ulrike. Sie formuliert ihre **Urteile** über Kerstin:

- Sie ist unordentlich und unkollegial.
- Die hält sich nicht an Absprachen.
- Sie interessiert sich einen Dreck dafür, wie es mir geht.
- Die denkt nur an sich.
- Ich bin ihr egal.
- Ihr fehlt ein Blick für die Belange des Teams.

Aus Ulrikes Warte ist das Verhalten der Kollegin unangebracht und falsch. Sie spürt heiße Wellen in ihrem Körper aufsteigen. Wäre sie ein Kind, würde sie mit dem Fuß aufstampfen und dazu schimpfen: „Was die sich erlaubt! Das ist nicht richtig!“

Befreit von ihren unbewussten Gedanken, weicht der Ärger und es macht sich eine Traurigkeit in ihrem Körper breit. Ulrike fühlt sich klein und allein. Sie ist enttäuscht, auch frustriert.

Folgt sie nun diesen **Gefühlen**, der zweiten Komponente der GFK, spürt sie, was ihr wichtig ist. Sie kann einige ihrer **Bedürfnisse** in dem Moment aufzählen; nach diesen fragt die dritte Komponente der GFK. Ulrike braucht Ordnung und Struktur im Raum. Vor allem aber will sie gehört und gesehen werden. Erst durch die Fragen der anderen Seminarteilnehmer*innen nimmt sie wahr, wie sehr sie „ihre“ Ordnung braucht, um wirklich gut in den Tag starten zu können. Alles an seinem Platz zu wissen hilft ihr, an das am Vortag Gewesene anzuknüpfen und sich mit innerer Gewissheit ihrer Arbeit widmen zu können, nach dem Motto: „Hier ist der Ort, an dem ich wirksam bin, wo ich die Kinder in ihrem Lernen begleiten kann und meinen Sinn erfülle.“ Darum geht es ihr. Ulrike ist überrascht, welch tiefe Schicht in ihr berührt ist. Was alles in ihr ausgelöst wird, wenn ein Puzzle nicht am rechten Platz zu finden ist!

Welch ein Schatz! Ihr Lebenssinn ist berührt. Ihre Berufung, mit Kindern und für Kinder da zu sein. Das kann ihre Kollegin gar nicht ahnen oder wissen, wenn sie abends den Gruppenraum verlässt. Es ist Ulrikes eigene Realität, die sich deutlich von Kerstins Realität unterscheidet. Dafür ist sie allein zuständig, natürlich auch im Kontakt mit anderen. Das zu erkennen erleichtert sie.

Was sie will, hat Ulrike der Kollegin bereits häufig gesagt: „Räume nach dem Spätdienst meinen Gruppenraum auf.“ Ohne Verbindung mit dem Bedürfnis, der Bedeutung, die es für sie hat, und aus einem Mangel heraus formuliert, wird dieser Anspruch jedoch als Befehl und damit als Gewalt empfunden – und abgewehrt. Es fehlt die innere Resonanz dazu. Zuerst könnte Ulrike erkennen und ausdrücken, welches Bedürfnis für sie mit der Ordnung verbunden ist. Wenn sie selbst innerlich Zugang dazu hat, kann Kerstin erkennen, wozu sie beitragen kann und wo ihre Verbindung mit der Kollegin liegt. Deshalb ist Selbstempathie so wichtig. Es braucht den eigenen

Kontakt mit der – wie es vor allem der amerikanische GFK-Trainer Robert Gonzales nennt – „Schönheit des Bedürfnisses“, damit sich die Kollegin dafür öffnen kann. Auch sie kennt natürlich die Bedürfnisse nach Gesehen-Werden, Sinn und gutem Kontakt.

Darin liegt das Magische der GFK: Über die Bedürfnisse sind wir miteinander verbunden und diese Verbundenheit als fühlende Wesen können wir spüren, wenn wir, im Kontakt mit der Energie der Bedürfnisse, miteinander reden. Wir sprechen nicht einfach nur das Wort für das unerfüllte Bedürfnis aus, Ordnung oder Ruhe beispielsweise. Vielmehr geben wir unserem Ausdruck durch die Art und Weise, wie wir sprechen – langsam, betont, energiegefüllt –, aus unserem Inneren heraus die Bedeutung mit, die diese Qualität für uns hat. Bei Ordnung schwingt die Struktur mit. Bei Ruhe eine Form von Frieden und Stille. Dadurch können wir nicht nur kognitiv verstanden, sondern tatsächlich eher mit unserem inneren Verlangen gehört werden. Ulrikes neu gewonnenes Verständnis für sich selbst hilft ihr, anders auf die Kollegin zuzugehen. Mit ruhiger Stimme, frei von jedem Ärger, kann sie sie bitten: „Ich will mit dir noch einmal darüber reden, wie das für mich mit der Ordnung im Raum ist, wenn du Spätdienst hast. Ich möchte dir sagen, warum mir das so wichtig ist. Bist du bereit, mir zuzuhören und mit mir zu überlegen, wie wir künftig vorgehen können?“

Im Gespräch mit Kerstin gesteht Ulrike ein, dass sie selbst erst verstehen musste, warum es für sie ein so großes Thema ist. Für sie hängt das Thema Ordnung im Gruppenraum damit zusammen, gehört und gesehen zu werden, zu wissen, dass ihre Meinung gefragt ist. Ulrike fällt auf, wie sehr das mit ihren Kindheitserfahrungen zu tun hat. Sie wurde häufig übergangen und andere bestimmten oft für sie. Gerade deshalb war es für sie so schmerzhaft, nicht in Kontakt mit der Kollegin zu kommen. Wenn sie morgens in den Raum kam und sah, dass einige Dinge an einem anderen Platz standen, wurde die alte Erfahrung getriggert.[17] Jetzt erkennt sie: „Ich sage gar nichts über dich, wenn mir etwas an der Ordnung auffällt und ich dich bitte, die Bücher mit dem Rücken nach außen ins Regal zu stellen. Mir ist es wichtig, ernst genommen zu werden. Dir mag es kleinlich vorkommen. Mir helfen diese Details, gut in den Tag zu starten. Kannst du das nachvollziehen?“

Das können die Kolleg*innen in der Regel, selbst dann, wenn sie „anders gestrickt“ sind. Es ist wie eine Offenbarung: So sieht es also im Herzen der*des anderen aus. Zugleich taucht damit auch die Frage auf: Was fange ich damit an? Was soll ich jetzt tun? Genau das ist die vierte Komponente der GFK: **die Bitte.** In der Situation zwischen Ulrike und Kerstin ist es vielleicht eine Handlungsbitte. „Für mich wäre es hilfreich, wenn du die Kinder an die vereinbarte Ordnung erinnerst. Sie haben ent-

17 Mehr über die Heilung der eigenen Auslöser in Kapitel 2.6 (Seite 55 ff.). Natürlich ist es nicht notwendig, die daran gebundenen Geschichten im Team öffentlich zu machen.

schieden, was wo stehen soll. Dann brauchst du nur deinen Blick durch den Raum streifen zu lassen und sie zu bestärken, dass sie es gut gemacht haben. Geht das?“

Vor einem solchen Gespräch ist es hilfreich, sich vorzustellen, wie das Gegenüber die gleiche Situation erlebt: Wie mag es für Kerstin sein, als „Springerin“ jeden Tag in einem anderen Gruppenraum zu arbeiten und jedes Mal mit anderen Vorstellungen von Ordnung konfrontiert zu werden? Möglicherweise fühlt sie sich auch oft allein und überfordert, braucht ebenfalls Hilfe. Deshalb bittet sie Ulrike: „Was hältst du davon, mit Schrift und Symbolen die vereinbarten Plätze für die Dinge zu markieren? Das macht es mir leichter und die Kinder werden früh mit Schrift vertraut gemacht.“ Mag auch sein, dass es Ulrike demnächst gar nicht mehr stört, wenn nicht jedes Buch exakt im Regal steht. Das Wichtigste war ihr ja, gehört zu werden.

3.2 Authentische Selbstmitteilung im Team

Sich authentisch mitzuteilen und zuzumuten – darin liegt eine große Chance für die Begegnung von Kolleg*innen. Haben Menschen einmal verstanden, dass das, was sie erleben, ihre eigene und keine absolute Wahrheit ist, fällt es ihnen auch leichter, Verantwortung für die eigene Sicht zu übernehmen: „Ja, so sehe ich die Welt. Andere können durchaus mit anderen Augen auf vergleichbare Situationen schauen.“ Dann können sich zwei oder mehrere Perspektiven begegnen und zwischen ihnen kann ein Zwischenraum entstehen, in dem eine neue Wahrheit und Einsicht geboren wird. Es hat nicht nur eine Seite recht, sondern nur gemeinsam kann Neuland erobert werden. Das liegt in der Regel hinter den Wahrheiten der Einzelnen verborgen. Davon sprechen auch zwei Strophen eines Gedichts, das sich der Schauspieler und Komiker Charlie Chaplin 1969 zu seinem 70. Geburtstag schenkte.

> Als ich mich selbst zu lieben begann,
> habe ich aufgehört, immer recht haben zu wollen,
> so habe ich mich weniger geirrt.
> Heute habe ich erkannt: das nennt man BESCHEIDENHEIT.
> (…)
> Wir brauchen uns nicht weiter vor Auseinandersetzungen,
> Konflikten und Problemen mit uns selbst und anderen zu fürchten,
> denn sogar Sterne knallen manchmal aufeinander
> und es entstehen neue Welten.
> Heute weiß ich: DAS IST DAS LEBEN!

Was für eine Verheißung für KiTa-Teams! Dennoch teilen sich die Kolleg*innen meist nur zaghaft ehrlich und verletzlich mit. Oft denken sie voneinander, die anderen wüssten doch genau, was gemeint und wichtig sei – und warten auf eine Reaktion und Öffnung des Gegenübers.

Ich erinnere mich an die folgende Frage, die bei einer Fortbildung aus einem Kleinteam kam: „Wie kommt man an jene heran, die sich entziehen?" Die Erzieher*innen waren sauer über zwei Kolleginnen, die sich für die Zeit der Fortbildung krankgemeldet hatten und in Dienstbesprechungen scheinbar mit verdeckten Karten spielten. Plötzlich mussten sie feststellen: Auch sie hatten noch nicht versucht, sich zu zeigen, hatten es bislang vermieden, sich authentisch mitzuteilen! Und sie sind keine Ausnahme.

Im Lauf der Jahre habe ich von pädagogischen Fachkräften sehr viel gelernt. Was ich an ihnen sehr schätze: ihre fürsorgliche Haltung – vor allem gegenüber anderen. Allerdings ist das oft auch mit einem Pferdefuß verbunden: Sie wollen für andere da sein und sie keinesfalls verletzen. Genau das allerdings, so fürchten sie, geschieht, wenn sie eine unbequeme Wahrheit aussprechen. Ihnen ist Fairness und vor allem Zugehörigkeit wichtig. Sie wollen in ihrem Team gemocht werden, nicht anecken und niemanden ausgrenzen. „Darf ich sagen, was mich stört? Bin ich selbst denn besser, wenn ich mir das gestatte?", zweifeln sie. Das kann sogar so weit gehen, dass sie zulassen, dass andere ihre Grenzen überschreiten, ohne dass sie sich dagegen verwahren. Sie glauben, sie müssten ohne Fehl und Tadel sein, ehe sie äußern dürfen, was ihnen nicht guttut oder nicht passt. Gleichzeitig gibt es den Wunsch, die richtigen Worte, den richtigen Ton, vielleicht auch noch im rechten Moment, zu finden. Und weil der sich nicht zeigt, bleibt die eigene Wahrheit unausgesprochen und damit geheim.

Anderen zu sagen, was sie denken und vor allem fühlen – damit haben viele – ich schließe mich dabei gar nicht aus – schlechte Erfahrungen gemacht. Oft enden solche Äußerungen in Beschuldigungen des anderen. Von vielen Erzieher*innen hörte ich, dass sie mit den Kindern in der Kindertagesstätte offener sein wollen. Dabei nehmen sie häufig nicht wahr, dass ihr inneres Kind noch nicht ausgesöhnt und zu den neuen Schritten bereit ist. Dieses braucht erst die Gewissheit und die Bestätigung von der erwachsenen Person, dass es natürlich das Recht hat, sich zu äußern. Deshalb lohnt es sich, solche eigenen Erfahrungen zu bearbeiten und zu heilen (siehe Kapitel 2.6, Seite 55 ff.).

Was ist deine Wahrheit?

Ob mit oder ohne eine solche innere Arbeit: Jede*r kann sich authentisch mitteilen. Das braucht vor allem eines: Mut und die Kraft, zu uns selbst zu stehen. Doch wie und wo finden wir unsere innere Wahrheit?

Sie haben vielleicht schon einmal von dem Eisbergmodell gehört. Der relativ kleine aus dem Meer herausragende Teil des Eisbergs steht für die Worte, Taten und Einsichten, die uns bewusst sind. Sie sind uns gut zugänglich bzw. gehen uns leicht über die Lippen. Doch auch unbewusst kommunizieren wir, über unseren Körper, unsere Gesten, unsere Ausstrahlung. Ebenso können Lautstärke, Sprechtempo sowie die Syntax des Gesprochenen aufschlussreich sein. Sie verweisen auf den größeren Teil des Eisbergs unter der Meeresoberfläche, auf das Un- und Vorbewusste. Dazu gehören Gefühle, Wahrnehmungen und der eigene Wille. Der Psychoanalytiker Sigmund Freud nannte es das „Es“. Diese eher verletzlichen Schichten verbergen Menschen im Laufe ihres Lebens unter der Meeresoberfläche. In der Begegnung fühlt sich dieses Unbewusste oft wie eine Mauer an. Bei einigen ist sie sehr fest und hoch, bei anderen eher durchlässig oder porös. Verborgen dahinter ist der innere Kern der Persönlichkeit, das, was einem Menschen wirklich wichtig ist, die Wahrheit, die in ihr / ihm lebt.

Gelingt es, diese Wahrheit auszusprechen? Als die Sicht aus der eigenen Welt? Ohne jede Beschuldigung? Ohne eine Idee, recht zu haben oder besser zu sein als das Gegenüber, und dennoch ganz zu sich zu stehen? Ausschließlich mit dem Wunsch, diese innere Wahrheit dem anderen mitzuteilen, um gemeinsam auf eine schwierige Situation zu schauen?

Nicht die Sache steht im Vordergrund. Vielmehr die Verbindung mit dem anderen Menschen. Genau das ist eine grundlegende Voraussetzung in und für die GFK: die Intention. Weshalb spreche ich mit jemandem? Sie ist quasi der „nullte“ Schritt, bevor ich mit meinem Gespräch beginne. Meine Absicht![18]

Meine Intention für das Gespräch

Die GFK verfolgt die Absicht, Geben und Nehmen von Menschen in Fluss zu bringen und eine Verbindung von Herz zu Herz zu finden. Es geht nicht darum, sich durchzusetzen oder recht zu haben. Vielmehr unterstützt die GFK uns durch ihre Haltung und Sprache darin, einen ehrlichen und empathischen Kontakt zu anderen Menschen herzustellen, durch den möglichst die Bedürfnisse beider (oder aller beteiligten) Seiten erfüllt werden.

Auf diese Intention richte ich mich aus, bevor ich ein Gespräch beginne. Manchmal heißt das auch, zu schweigen und mehr innere Arbeit (Selbstempathie) zu leisten, um in Frieden (und frei von jedem Ärger) und verbunden mit dem Bedürfnis sprechen zu können.

18 Eine hilfreiche Übung zur Selbstklärung findet sich im Kapitel 2: „Wie bin ich da?“, Seite 62.

Hier helfen Erkenntnisse aus dem Konstruktivismus und selbst der Quantenphysik, um zu erkennen, dass Menschen sich immer ihre eigene Realität erschaffen. Bereits der griechische Philosoph Platon beschrieb vor mehr als 2000 Jahren in seinem berühmten Höhlengleichnis[19], dass wir Erscheinungen wahrnehmen, die wir für die Realität halten. Auch daran knüpften Konstruktivisten in den 1960er- und 1970er-Jahren an. Sie erklärten, jedes Gehirn schaffe sich sein eigenes Bild, stark unterstützt vom Unbewussten. Eine absolute Wahrheit gibt es demnach nicht, vielmehr vielfältige Bilder, die erst zusammen zu einem Ganzen werden.

So alt diese Einsichten sind: Allgemeingut sind sie nicht. Die meisten Menschen gehen davon aus, dass ihre Wahrnehmung die einzig richtige ist. Und merken nicht, wie viele Filter ihnen im Laufe des Lebens eingebaut wurden bzw. sie sich selbst eingebaut haben. Manche der Bilder vereinfachen und helfen, Struktur zu geben, Halt und Sicherheit zu finden. Andere engen ein und schließen aus – ein Thema, das vor allem in der vorurteilsbewussten Bildung und Erziehung verhandelt wird.

Zurück zum Gespräch unter Kolleg*innen in der Kindertageseinrichtung. Oft identifizieren sich einzelne pädagogische Fachkräfte mit einer Sache, einer Position. Sie meinen, dass das, was sie darüber denken, sei das Nonplusultra, und erwarten, für die andere Seite müsse es das ebenfalls sein. Genau damit jedoch verkennen sie die Wirklichkeit. Dazu ein weiteres Beispiel aus der KiTa.

Geschichte 5: Dialog von Herz zu Herz

Frederike, eine Erzieherin, kommt wenigstens zwei Tage in der Woche mindestens zehn Minuten zu spät zum Dienst. Eine Zeit lang empfängt das Team die alleinerziehende Mutter von zwei Kindern mit Verständnis: „Das ist nicht einfach für sie." Die Teammitglieder zeigen eine Qualität von Mitgefühl: Sie nehmen wahr, dass es das Beste ist, das die junge Frau momentan leisten kann, und beschuldigen sie nicht.

Damit übergehen sie allerdings ihre eigene Wahrheit. Das gilt vor allem für jene Kollegin, die gemeinsam mit der zu spät kommenden Erzieherin eine Krippengruppe führt und regelmäßig Eingewöhnungen von neuen einjährigen Kindern und deren Eltern begleitet. In vielen Situationen arbeiten Karen und Frederike zusammen, ohne viele Worte wechseln zu müssen. Die eine weiß: Wenn die andere mit einem Kind zum Wickeln geht, bleibt sie selbst bei den spielenden oder essenden Kindern. Hierfür muss man aufeinander eingestimmt sein und sich gegenseitig wahrnehmen.

19 Zum Höhlengleichnis siehe u. a. bei Wikipedia:
↗ https://de.wikipedia.org/wiki/H%C3%B6hlengleichnis

Dazu sind gute Absprachen nötig und eine kurze, stimmige Verständigung vor den Kindern: „Ich würde jetzt wickeln gehen. Bleibst du hier?“ Gegenwärtig merkt Karen, dass sie auf Nummer sicher geht und weniger offen für die Kollegin ist. Frederikes verspätetes Ankommen an manchen Tagen bedeutet für sie eine tägliche innere Unruhe: „Kommt sie noch oder kommt sie nicht? Meldet sie sich vielleicht krank?“ Sie kann sich nicht auf die gut eingespielte Zusammenarbeit einstellen. Innerlich ist sie darauf gefasst, den Tag mit den Kindern alleine zu gestalten. Und de facto kommt das immer wieder vor. Ihr Vertrauen in die Kollegin leidet: In deren Verlässlichkeit und auch darin, dass der anderen die Zusammenarbeit so viel bedeutet wie ihr, dass sie sie ebenso genießt. Das tut weh. Und es ist ihre Wahrheit. Für sie ist es an der Zeit, diese Sicht auszudrücken, ohne die andere zu beschuldigen.

Dafür ist es notwendig, sich zu stoppen, innezuhalten und wahrzunehmen: Wie geht es mir? Was fühle ich gerade? Was brauche ich?

Anzuhalten, zu spüren und für sich selbst zu sorgen – und sei es nur durch einige bewusste Atemzüge – haben die meisten Menschen nicht gelernt. Das übliche Sozialisationsmuster in unserer Kultur ist, sich selbst oder anderen Schuld für etwas zu geben und so einen verhängnisvollen Kreislauf von Missverständnissen, Trennungen und Gewalt in Gang zu setzen.[20] Gerade deshalb sind die vier Komponenten der GFK hilfreich, sich zu orientieren. Zuerst der nullte Schritt: Ist Karen bereit, sich ehrlich gegenüber Fredericke mitzuteilen und Verbindung aufzunehmen? Nach einem inneren „Ja“ kann Karen sich auf den Dialog einstimmen.

Was ist ihre Beobachtung? Circa zweimal in der Woche kommt die Kollegin etwa zehn Minuten nach der vereinbarten Dienstzeit in den Gruppenraum. Hat sie Gedanken dazu? Ja. Karen denkt, Frederike ist unpünktlich, unzuverlässig, gleichgültig, nutzt sie aus …

Und jenseits dieser Gedanken: Was fühlt sie? Karen ist traurig, ärgerlich, zwiegespalten, allein, angestrengt, müde …

Was braucht Karen? Verlässlichkeit, Vertrauen, Kooperation. Zugleich möchte sie wahrgenommen werden, will, dass die Kollegin versteht, wie die Situation für sie ist. Außerdem Entlastung, eine Balance von Geben und Nehmen, Unterstützung. – Ganz schön viel, was sich allein in dieser Situation zeigt.

Was ist ihre Bitte? Karen möchte mit ihrer zu spät kommenden Kollegin darüber sprechen, welche Auswirkungen ihre Verspätungen auf sie selbst haben. Deshalb wäre möglicherweise eine Beziehungsbitte ein guter Anfang, z. B.: „Ich möchte mit

20 Zur Selbstwahrnehmung und Selbstfürsorge lädt Kapitel 2 ein.

dir darüber sprechen, wie wir gut zusammenarbeiten können und was dein Zuspätkommen für mich bedeutet. Bist du dazu bereit?“

Sind beide Kolleginnen offen füreinander, lohnt es sich, über Handlungsbitten nachzudenken: „Was brauchst du, damit es dir gelingt, pünktlich da zu sein? Sollen wir überlegen, ob du überhaupt diesen frühen Dienst übernehmen kannst?“ Es geht darum, einen Weg zu finden, der für beide Seiten stimmt. Gelingt das nicht, hängen die Kolleginnen im Paradigma der Dominanz fest und sollten ihre Intention für das Gespräch noch einmal überprüfen.

Gibt es unter den Handlungsoptionen eine, die angemessen für alle Beteiligten ist? Dann lohnt es sich, das Einverständnis abzuholen: „Bist du bereit, das so auszuprobieren?“ Erfahrungen aus der Praxis zeigen: Man sollte sich keinen Illusionen hingeben und erwarten, dass die Kollegin ab sofort immer pünktlich kommt. Allein durch die Mitteilung, durch Einsicht und Verständnis verändert sich nicht ihre Realität. Für Frederike bleibt es vermutlich herausfordernd, die Fürsorge für ihre eigenen Kinder und den Dienstbeginn unter einen Hut zu bringen. Umso mehr ist Karen eingeladen, sich selbst ernst zu nehmen. Sie kann z. B. nachfragen, warum die Kollegin das Versprechen nicht halten konnte. Oder möglicherweise eine Unterstützung anbieten, damit Frederike zur rechten Zeit da sein kann. Durch solche Strategien bleibt die Erzieherin sich selbst und ihren eigenen Bedürfnissen treu.

Abbildung 5: Dialog Von Herz zu Herz

3.3 Gegenseitige Abhängigkeiten anerkennen

Manchen mag das Beispiel oben übertrieben vorkommen. Einige werden sagen, sie seien auch ohne Hilfe täglich pünktlich. Oder sie empfinden es als Bevormundung. „Was erlaubt sich hier jemand, anderen etwas zu meiner Lebensgestaltung zu sagen!“

Zugleich leben wir alle in einem zwar unsichtbaren, doch dichten Geflecht wechselseitiger Abhängigkeiten und – im besten Fall – in einem ununterbrochenen Fluss von gegenseitigem Geben und Nehmen. Wir alle brauchen einander. Keine*r kann allein überleben und sei sie oder er noch so autonom. Die Handlungen einer Person haben immer eine Auswirkung auf die andere und umgekehrt. In der GFK wird das Interpendenz genannt. Diese Interdependenz (wie im Beispiel beschrieben) an diesem Punkt sichtbar zu machen, kann auch eine Chance sein, die Kollegin beim Zeitmanagement zu unterstützen und ihr vielleicht Hilfe zum rechtzeitigen Aufstehen anzubieten. Auf jeden Fall spielt Interdependenz für die Atmosphäre in einem Team eine große Rolle. Je nachdem welche Kultur in einer KiTa herrscht, fühlen sich Kolleg*innen unterstützt, ehrliche Mitteilungen zu geben oder diese eher zurückzuhalten. Darauf komme ich noch zurück.

In aller Regel findet man den Zugang zu der eigenen Wahrheit nicht im Konflikt. Da geht es eher darum, die Situation zu retten. In unserem Beispiel heißt das für Karen, trotz des verspäteten Eintreffens der Kollegin einen guten Tag mit den Kindern sicherzustellen. Das ist oft genug ein mühsames Unterfangen, gerade weil es von unterschwelligen Vorwürfen und schlechtem Gewissen durchzogen ist.

Pädagogische Fachkräfte betonen häufig, wie wichtig ihnen eine harmonische Zusammenarbeit ist. Allein deshalb sollte ein solches Gespräch nicht geführt werden, wenn ein Konflikt „heiß“ ist und eine oder beide Seiten sich nicht sicher sein können, ob sie sich im Affekt vielleicht weniger freundlich ausdrücken. Die Aussprache sollte zu einem gemeinsam vereinbarten Zeitpunkt an einem Ort stattfinden, der für beide gut ist.

Wichtig ist die Intention: Es geht mir nicht um Bevormundung oder eine „Erziehung zur Pünktlichkeit“. Ich will eine gute Beziehung zu dir – und zu mir. Ich will mir selbst treu sein!

Die tiefste innere Wahrheit verbindet sich mit einer Fürsorge für das Gegenüber. Wenn Gespräche in diesem Geist geführt werden, lassen sich Ärger und Ablehnung in Verbundenheit und Ehrlichkeit verwandeln. In Nähe zu uns selbst und zu den anderen. Nicht nur was gesagt wird, ist in solchen Gesprächen wichtig, sondern auch, wie es gesagt wird: in welchem Ton, mit welcher Lautstärke, in welchem Tempo? Gibt es zwischendrin Raum zum Spüren – für die Sprecher*in wie für die Zuhörer*in? Welche Gesten begleiten das Gesagte?

Wie die Erfahrung zeigt, ist fast von allem weniger mehr: weniger Worte, weniger Tempo, weniger Lautstärke. Mit einer Ausnahme: An Pausen sollte man nicht sparen.

20 Prozent der Aufmerksamkeit gelten dem gesprochenen Wort, 80 Prozent den nonverbalen Signalen – so lautet eine kommunikationswissenschaftliche Faustformel. Deshalb ist es sicher hilfreich, auch die eigene nonverbale Kommunikation etwas in den Blick zu nehmen. Dazu kann man sich z. B. Feedback einholen: „Welche Gesten und Bewegungen fallen euch bei mir auf, während ich rede? Was findet ihr angenehm? Was stört?" Auch den nonverbalen Teil der Kommunikation zu verändern ist gar nicht so einfach. Das meiste davon passiert unbewusst, ist tief verankert und zur Gewohnheit geworden. Gleichwohl hilft es, etwas über wenig hilfreiche Eigenarten und die eigene Ausstrahlung zu wissen, sich immer wieder selbst zu beobachten, achtsamer mit sich und anderen zu sein und dadurch mehr in eine verbindende Haltung zu kommen. Hierbei kann das Team gut unterstützen.

ÜBUNG: Meinen Ärger wahrnehmen und seine Botschaft entschlüsseln

Als Erstes lohnt es, sich einen Überblick zu verschaffen: Was sind Situationen in Ihrem Alltag, in denen Sie unzufrieden, frustriert oder enttäuscht sind? Oft empfinden wir Ärger dann als einen (in unserer Kultur legitimierten) Weg, Gefühle wahrzunehmen und auszudrücken. Also erkunden Sie, was bei Ihnen Ärger auslöst:

Was tun andere, das Sie in Ihrer Arbeit in der Kindertagesstätte ärgert?

____

Wann ärgern Sie sich in Ihrer Arbeit über sich selbst?

____

Wenn Sie einige Situationen gefunden haben, folgen Sie der Spur Ihres Ärgers. Nehmen Sie sich Zeit zu erforschen, welche Gedanken, Gefühle, und vor allem welche Bedürfnisse hinter dem Ärger verborgen sind.

Nutzen Sie dazu die vier Komponenten der GFK, einschließlich der Übersetzung der Urteile.

Beobachtung:

____

Meine Urteile (nach Marshall Rosenberg „die Wolfsshow"). Schreiben Sie alle Urteile, Meinungen, Erwartungen auf:

___

Wenn Sie dem nachspüren: Entdecken Sie, welche Ihrer Bedürfnisse zu kurz gekommen sind?

___

Wenn Sie mit diesen Bedürfnissen verbunden sind: Was fühlen Sie nun? Ist noch Ärger vorhanden? Wenn ja, zurück auf Start.

___

Was können Sie jetzt konkret tun, um Ihr Bedürfnis zu erfüllen? Welche Bitten fallen Ihnen ein?

___

ÜBUNG: Vorbereitung auf einen authentischen Dialog

Wenn wir uns authentisch mitteilen, wollen wir von unserem Gegenüber gehört werden, wollen, dass sie oder er die Mitteilung aufnimmt und dass dadurch eine neue Form von Gemeinsamkeit entsteht. Das geschieht leichter und bereitwilliger, wenn wir mit der „Schönheit unserer Bedürfnisse" verbunden sind und aus deren Fülle und damit ohne Druck sprechen. Deshalb sollten Sie sich auf ein Gespräch vorbereiten.

Zuerst, indem Sie sich mit sich selbst verbinden:

- Erinnern Sie sich an die Beobachtung / den Auslöser, über die oder den Sie etwas mitteilen möchten.
- Welche Gefühle und Bedürfnisse sind damit verbunden?
- Gibt es Gedanken, Urteile und Erwartungen, die damit verbunden sind? Auf welche Bedürfnisse weisen diese hin?
- Spüren Sie die Schönheit der Energie Ihrer Bedürfnisse und Ihre eigene Lebendigkeit?
- Sprechen Sie Ihr Bedürfnis laut aus und bringen beim Sprechen auch die Wichtigkeit, die die Angelegenheit für Sie hat, zum Ausdruck.

Dann fühlen Sie sich in Ihr Gegenüber ein:

- Welche Bedürfnisse, vermuten Sie, sind der anderen Person in dieser Situation wichtig? Können Sie auch deren Schönheit sehen?
- Wie geht es Ihnen, wenn Sie diese Bedürfnisse laut aussprechen und spüren? Wie fühlt sich das in Ihrem Körper an?

Nun können Sie in den Dialog gehen. Überprüfen noch einmal Sie Ihre Intention: Es geht um Verbindung und darum, eine gute Beziehung herzustellen!

- Teilen Sie Ihre Absicht mit!
- Sprechen Sie von Ihrem Herzen, was Sie fühlen und was Sie brauchen.
- Sind Sie bereit, zu hören und zu fühlen, was Ihr Gegenüber fühlt und braucht?

3.4 Den Selbstschutz lockern und sich mit seinem Schmerz zeigen

In meiner Arbeit als Prozessbegleiterin lerne ich mitunter Teams kennen, die mich an die Ritter der Tafelrunde erinnern: Sie begegnen einander, versteckt hinter einem Schutzschild und mit heruntergelassenem Visier. Das verstehen sie unter Professionalität. Diese pädagogischen Fachkräfte wollen sich als „Herr der Lage" beweisen, beherrscht und kompetent, auch wenn in dem Beruf nach wie vor 95 Prozent Frauen arbeiten.

Ich gebe zu, ich übertreibe. Man kann nicht mit kleinen Kindern arbeiten und sich in eine Rüstung reiner Sachlichkeit zwängen. Gleichwohl erlebe ich eine große Scheu, die eigenen Gefühle wahrzunehmen, zu zeigen und zu benennen und sie sich mit seiner Lebendigkeit zuzumuten. „Soll ich etwa von mir persönlich etwas preisgeben?", fragen sie und halten sich letztlich mit ihrer Menschlichkeit zurück. Das hat Folgen.

In den zurückliegenden Jahren habe ich oft KiTa-Teams begleitet, die die Tage zählen, an denen alle pädagogischen Fachkräfte in der Einrichtung anwesend sind. Häufig arbeiten sie mit zwei Drittel oder weniger des angestellten und bezahlten Personals. Der Personalmangel ist enorm, auch wenn so viel Nachwuchs an Fachkräften ins Feld kommt wie nie zuvor. Allerdings werden Kindertageseinrichtungen und nun auch der Ganztagsbetrieb in den Schulen weiter ausgebaut. Dazu steigen die Anforderungen (mehr dazu in Kapitel 1, S. 21 ff.). Wissenschaftler*innen benennen schon lange ein „Umsetzungsdilemma": dass die Ausstattung mit Personalräumen, fachlicher Begleitung sowie der Bedarf an Zeit immer weiter hinter den Anforderungen zurückbleiben (vgl. Viernickel et al. 2013, 2015). Jedoch bleibt auch durch die Art und Weise, wie Fachkräfte mit sich selbst und miteinander umgehen, das Wohlbefinden auf der Strecke. Hier empfehlen Wissenschaftler*innen, den Teams ausreichend Handlungsspielraum und Unterstützung durch Begleiter*innen einzuräumen, damit sie sich gemeinsam über ihre Ziele verständigen und einen entsprechenden Raum zur Reflexion schaffen können, erst recht in Zeiten mit enormen Herausforderungen (vgl. Viernickel & Voss 2013).

3.4.1 Wie sieht es in KiTa-Teams häufig aus?

Was ich als Begleiter*in und Trainer*in in manchen KiTa-Teams erlebe: Über viele Wochen und Monate bewegen sie sich in gedanklichen Schleifen, wie schwierig ihre Situation ist. Sie denken darüber nach, dass es nicht in Ordnung ist, dass drei, vier Kolleg*innen im Team krank oder im Beschäftigungsverbot sind; dass die eine dennoch Urlaub nimmt oder der andere trotzdem zur Fortbildung geht; dass der Träger sie nicht ausreichend unterstützt usw. Dabei bleiben sie in Urteilen stecken, beispielsweise: „Das darf nicht sein! Das ist nicht in Ordnung!“ Vielleicht werten sie sich selbst ab: „Ich muss die Karre aus dem Dreck ziehen. Alles bleibt an mir hängen!“ Sie fühlen sich als Opfer, unglücklich, kraftlos, deprimiert. Bei Gesprächen im Team gelingt es ihnen kaum, von sich persönlich zu reden und wie es ihnen geht. Sie sagen nicht, was sie brauchen, und äußern keine Bitten. Obwohl sie häufig sehr vertraut miteinander sind, gibt es in etlichen Teams eine angespannte Stimmung, viel zu selten eine unterstützende Kultur. Oft reicht dann eine kleine Sache, um das Fass zum Überlaufen zu bringen.

Wenn pädagogische Fachkräfte einander im Schutzmechanismus begegnen, kommt es zu Vergleichen und Beurteilungen. „Das kann nicht sein, dass die zehn Kinder allein in ihrem Raum betreut und die Tür hinter sich zumacht. In meiner Gruppe sind fünfzehn Kinder und weil wir den Gruppenraum offen lassen, oft auch mehr. Das ist ungerecht.“ So oder so ähnlich hören sich dann Vorhaltungen an. Und die mögliche Antwort? „Ich kann nichts dafür. So wurde das von der Leitung entschieden. Außerdem sind das die zehn Kinder, die ich nun seit drei Jahren begleite. Die wollen es gar nicht anders.“

„Wegen dieser Dienstplanung bin ich seit Wochen bis 17 Uhr in der KiTa und kann nicht mal irgendetwas für mich persönlich erledigen. Ich habe gar keinen Nachmittag mehr frei. Das geht an meine Substanz.“ – „Denkst du, mir macht es Spaß, an drei von fünf Tagen den Frühdienst zu übernehmen und schon um sechs Uhr morgens die KiTa zu öffnen?“, geht die Klage- und Beschuldigungsrunde weiter und weiter.

Sie kämpfen miteinander, empören sich, tuscheln, laufen zur Chefin oder zum Chef, um sich zu beschweren oder die Kolleg*innen anzuprangern. Alles wird aus der Perspektive „Ich oder du“, „Gewinner*innen oder Verlierer*innen“ gesehen und keinesfalls aus einer Einheit, einem „Wir“ heraus. Nein, sie erleben sich als getrennt und sehen nicht mehr, dass sie gemeinsam in einem Boot sitzen. Wenn sie aufeinander zugehen, dann häufig aus einem Mangel heraus und mit solcher Dringlichkeit und Verzweiflung, die die anderen zurückweichen lässt. Gehört wird nur Druck. Und davor drücken sie sich, wo immer sie können. Dabei wollen sie dringend gehört und gesehen werden. Hierfür scheinen aber nur zwei Handlungsmuster zur Wahl zu stehen: Sklav*innen oder Rebell*innen – also Unterwerfung oder Anklage (siehe Kapitel 2, S. 35 ff.). Sie sprechen einander zwar an, aber sie sprechen nicht miteinander. Wenn sie reden, schauen sie sich nicht in die Augen. So können sie ihr Gegenüber nicht als Menschen sehen und es fällt kaum auf, wie untauglich und wenig freundlich diese Kommunikationsweise ist. So schmerzhaft sie auch sein mag: Diese Art, miteinander zu reden, ist vertraut, von Kindheit an. Sie tun also, was sie früher im Leben gelernt haben, selbst dann, wenn es bereits damals wenig Erfolg brachte. Das ist fatal.

3.4.2 *Was kann man tun?*

Bei der Begleitung solcher Teams geht es zunächst einmal darum, innezuhalten: Wie geht es den Teammitgliedern gerade, in ihrer Rolle als pädagogische Fachkräfte? Wie ist es, einmal auf sich selbst zu schauen und nicht auf die Kinder oder die Eltern? Es geht darum, die Gefühle und Bedürfnisse im Team ernst und wahrzunehmen und nicht darum, ganz schnell eine Lösung für die schwierige Situation parat zu haben.

Im Seminar erkunden die Kolleg*innen gemeinsam beispielsweise: Was gibt dem Team Kraft in der alltäglichen Arbeit? Trotz aller Belastung kommt es hier noch zu Feststellungen wie: das Lächeln und die Lernerfolge der Kinder, die Dankbarkeit der Eltern, der Zusammenhalt im Team u. a. m. Tatbestände, die vor lauter Frust gar nicht mehr gesehen wurden. Auf der anderen Seite sammeln die Kolleg*innen ebenso: Was nimmt uns Kraft im Alltag? Dort notieren sie den Personalmangel, die Überstunden, die fehlende Zeit zum Austausch, Kritik von Eltern oder was auch immer. Anschließend entscheidet das Team, wie der Prozess weitergeht. Was ist für uns angesagt? Zu feiern oder zu bedauern?

3.5 Bedauern als Kraftquelle für Teams

In manchen Teams ist es nicht möglich, Wertschätzung füreinander auszudrücken und etwas zu feiern. Zu tief sitzt der Schmerz darüber, sich selbst als Fachkraft und auch als Team vernachlässigt zu haben. Doch welche Erleichterung, wenn diese Überforderung endlich benannt werden darf. Wenn Einzelne von sich und von den Belastungen zu sprechen beginnen und alle zuhören, weil die Kolleg*in auch für sie spricht, darüber, …

- wie schwierig es für sie als pädagogische Fachkraft in Zeiten des Personalmangels ist, die Kinder oft nur betreuen zu können und keine Zeit und Ruhe zu finden, sich ihnen intensiver zuzuwenden und ihnen zuzuhören;
- wie allein Kolleg*innen sich oft fühlen;

- wie belastend sie es erleben, wenn jede*r nur seines macht, sie sich im Team nicht austauschen und keine gegenseitige Unterstützung organisieren;
- wie müde und erschöpft sie sind.

Es ist das Gegenteil von „Jammern auf hohem Niveau". Es ist ein Wahrnehmen, was ist!

Im Seminar trauern sie dann gemeinsam, im Kreis sitzend darüber, …
- dass sie nicht länger so arbeiten wollen, dass alle nur auf dem Zahnfleisch kriechen und ihre pädagogischen Ansprüche auf der Strecke bleiben;
- dass es kein Zustand ist, dass der Feierabend und das Wochenende gerade mal eine Verschnaufpause bieten und kaum zur wirklichen Erholung taugen;
- dass es nicht geht, dass sie einander nicht mehr begegnen und jede*r für sich alleine „stirbt".

Und dieser geteilte Schmerz ist bereits eine neue Erfahrung. Die Erfahrung, dass keine*r von ihnen diese Last alleine trägt. Zu spüren: Der Schmerz trifft alle, und einander darin zu sehen. Das ist häufig ein Umkehrpunkt, sich wieder darauf zu besinnen, was ihnen in ihrem Team wichtig ist:
- Wie sehr sie mit ihrer guten pädagogischen Arbeit und den Anstrengungen, die sie dafür unternehmen, anerkannt werden wollen.
- Wie sehr sie sich Entlastung und Unterstützung wünschen.
- Dass sie in schwierigen Situationen erst recht dringend den Austausch im Team brauchen.
- Und, und, und.

Durch die Wahrnehmung des Schmerzes kommen sie miteinander und mit ihren geteilten Bedürfnissen in Kontakt und dadurch wieder zu einer Handlungsfähigkeit. Indem sie die Bedürfnisse wahrnehmen, die sie vernachlässigt oder vergessen haben, öffnet sich ein Tor für ihre Sehnsucht, diesen Bedürfnissen im Team wieder mehr Raum zu geben. „Ja, wir wollen mehr Wertschätzung, Gemeinsamkeit, Unterstützung leben!" Wenn dieser Wandel geschieht, wachsen die Freude und die Lust, miteinander ihre Kindertageseinrichtung zu gestalten. Gemeinsam erleben sie Trauern als eine große Kraft zur Stärkung des Teams. Und so tauchen Ideen auf, wie trotz einer schwierigen Situation Entlastung und Austausch möglich sind, …
- wie man sich zu kurzen Austauschrunden, und sei es in Kleinteams, treffen kann,
- wie die Bereiche sich gegenseitig entlasten können,
- wie die Räume verändert und umgestaltet werden können, sodass die Kinder mehr Möglichkeiten finden, selbstständig tätig zu werden,
- wer die Dienstplanung übernehmen sollte und wie sie sich optimaler gestalten ließe,
- wann Zeit ist für Anleitungsstunden für den Nachwuchs usw.

Gleichzeitig sind sie entschlossen, sich zusammenzuschließen und gemeinsam nach außen für bessere Rahmenbedingungen einzutreten. Manche entscheiden sich, beim Träger auf den Tisch zu klopfen, und laden die Geschäftsführung zu sich ein. Mit den vier Komponenten der GFK und mit der Kraft ihrer Bedürfnisse erklären sie, wie sie die Situation in ihrer Einrichtung erleben, was sie fühlen, brauchen und was ihre Bitte ist. Beispielsweise: „Können Sie uns zeigen, was Sie tun, um Personal zu gewinnen und zu halten? Wie ist es möglich, mit Personalvermittlungen verbindlicher zusammenzuarbeiten, damit in Notsituationen schneller Ersatz gefunden werden kann?"

Jedes Mal, wenn ich miterlebe, wie vorher eher erschöpfte pädagogische Fachkräfte Lust und Kraft verspüren, selbst Dinge in die Hand zu nehmen und zu ändern, ist das für mich erfreulich und inspirierend zugleich. In ihrem gemeinsamen Nachdenken und Auftreten erleben sie sich nicht mehr als machtlose Einzelkämpfer*innen, sondern als ein wirksames Team.

ÜBUNG: Teamentwicklung mit der GFK

Diese Übung kann für KiTa-Teams, Teil-Teams (und natürlich auch zur Bestandsaufnahme für einzelne pädagogische Fachkräfte) durchgeführt werden.

Starten Sie mit der Erkundung. Wenn die Übung im Team durchgeführt wird, sollten jene miteinander die Tatbestände erforschen, die auch zusammenarbeiten.

Sammeln Sie – möglichst viele – Beobachtungen zu den beiden folgenden Fragekomplexen:

1. Was gibt den pädagogischen Fachkräften Kraft in dieser KiTa?
   Was schätzen Sie an der Arbeit?
   Worauf sind Sie stolz, wenn es um die Qualität Ihrer Arbeit geht?
   Wofür sind Sie dankbar?
2. Was nimmt den pädagogischen Fachkräften in dieser KiTa Kraft?
   Was möchten Sie verändern?
   Was geht gar nicht? Was wollen Sie keinesfalls akzeptieren?

Suchen Sie zu den gesammelten Beobachtungen die Bedürfnisse, die damit erfüllt oder nicht erfüllt werden.

Beispiele:
Die Kinder lächeln und haben Lernerfolge. Bedürfnisse: Sinn, Kompetenz, etwas beitragen, Wertschätzung, Freude, Verbundenheit ...

Die Eltern bedanken sich. Bedürfnisse: Wertschätzung, etwas beitragen, Verbundenheit, Feiern ...
Von zwölf Kolleg*innen sind drei dauerhalft krank: Bedürfnisse: Mitgefühl, Fürsorge, Entlastung, Verständnis, Unterstützung ...

Schauen Sie auf die gesammelten Bedürfnisse, die erfüllten wie die weniger erfüllten. In welche Richtung zieht es das Team?

Will es feiern? Will es trauern? Finden Sie Ihr Ritual, zu würdigen, was ist, ohne zu werten: „Ja, so ist unsere Situation gerade. Gut, das zu sehen!"

Wenn sich das Team mit der Schönheit aller Bedürfnisse, egal ob erfüllt oder weniger erfüllt, verbindet und aus der Fülle auf die eigene KiTa schaut: Welche Strategien fallen den pädagogischen Fachkräften ein, diese Bedürfnisse mehr oder besser zu erfüllen?

Hier geht es zunächst darum, Fantasie und Kreativität Raum zu geben, getreu dem Spruch von Albert Einstein: „Probleme kann man niemals mit derselben Denkweise lösen, durch die sie entstanden sind." Die Lösung liegt im Unbekannten.

Anschließen entscheidet das Team gemeinsam, welche Strategien es nutzen und erproben will.

3.6 Das „Wir" eines Teams

Ein Team in einer Kindertageseinrichtung ist wie ein eigener Organismus, mit Herz und Kopf, mit Armen und Beinen, Händen und Füßen sowie allen Organen, die er zum Leben braucht. Alle Kolleg*innen der Einrichtung, und das sind nicht nur die pädagogischen Fachkräfte, sondern auch das technische Personal, sind auf ihrem besonderen Platz bei der Erfüllung der gemeinsam zu bewältigenden Aufgabe gefragt.

Das „Wir" eines Teams ist immer mehr als die Summe seiner Teile. Ein Organismus ist nicht nur Kopf und Hand, Herz und Bauch. Erst durch ihr Zusammenspiel wird aus einzelnen körperlichen Komponenten ein menschliches Wesen. Wie aber ist es um das „Wir" eines Teams bestellt? Nicht nur jedes einzelne Teil des Ganzen (und seine Bedürfnisse), auch das Ganze (und dessen Bedürfnisse) brauchen Aufmerksamkeit. Eine kranke Hand kann den gesamten Körper in Mitleidenschaft ziehen, wie ein klarer Kopf und ein warmes Herz alle Körperteile und den gesamten Organismus aufrecht- und gesund erhalten können. Deshalb lohnt es sich zu fragen:

- Wie geht es diesem Organismus Kindertageseinrichtung?
- Sind die einzelnen Körperteile und Organe miteinander verbunden und achten sie aufeinander?

- Was ist diesem Organismus wichtig?
- Wie sind die Beziehungen untereinander?
- Welche Energie lebt im Organismus und um ihn herum, in den Räumen, im Garten, im Umfeld? Was strahlt er aus?
- Gelingt es, Freundlichkeit und Miteinander, Respekt und Lernen in diesem und für diesen Organismus zu kultivieren und zu mehren? Wenn ja, wodurch?

Jedes einzelne Mitglied eines Teams, das fürsorglich mit sich selbst umgeht, ist auch in der Lage, auf die anderen, auf die Gemeinschaft zu achten. So entsteht eine andere Qualität von Verbindung zueinander. Die Mitglieder eines solchen Teams sind nicht nur Beschäftigte, die einen pädagogischen Auftrag erfüllen. Sie sind Menschen, die sich bewusst entschieden haben, in diesem Bereich zu arbeiten und sich mit der Arbeit ihren Sinn erfüllen. Als diese werden sie gesehen. Allein dadurch – und da ist wieder das Magische der Verbindung mit den Bedürfnissen in der GFK – werden enorme Potenziale freigesetzt. Zuerst Wertschätzung, Freude und Enthusiasmus.

Gemeinsam entscheiden die Mitarbeiter*innen eines Teams über Fragen wie diesen:
- Was ist unser gemeinsames Ziel und der Zweck unserer Arbeit? Wie sieht die Kindertagesstätte aus, von der wir träumen und die wir gemeinsam gestalten wollen?
- Sind alle (pädagogischen) Fachkräfte eines Teams bereit, für dieses Ziel zu arbeiten, ihr Potenzial dafür zu geben, und finden sie darin ihre Erfüllung?
- Was geschieht mit jenen, die zurückhaltend oder abwehrend sind?
- Wie finden sie die Ressourcen, die es zur Erfüllung des Ziels braucht?
- Wie will das Team zusammenarbeiten und sich organisieren? Welche Strukturen braucht es?
- Wo und wie werden Entscheidungen getroffen?
- Wie ist die Zusammenarbeit mit der Leitung?[21]
- Wo und wie wird der Austausch im Team gepflegt? Welche Regeln sollen gelten?
- Wie will sich das Team entwickeln?
- Wie will es neue Kolleg*innen gewinnen und einbeziehen?
- Welche Risiken sind möglich und welche Ideen gibt es, ihnen zu begegnen?
- Wie wird Rückschau gehalten und Feedback gegeben?

---

21 „KiTa-Leitung mit GFK" wäre ein eigenes, neues Thema, das in diesem Buch nicht behandelt werden kann.

Werte und Zufriedenheit

Die Studie *Schlüssel zu guter Bildung, Erziehung und Betreuung* untersuchte, wie verschiedene Teams auf die Anforderungen der Gesellschaft an die KiTas u.a. mit der Einführung der Bildungspläne reagiert haben. Dabei wurde eine Typologie von Teams entwickelt. Teams, die entsprechend eines sogenannten „wertekernorientierten" Herangehens handeln und sich durch eine hohe Zufriedenheit in ihrer Arbeit / Gesundheit auszeichnen und auf eine gute Qualität der Arbeit verweisen können, stellen sich die oben angeführten und ähnliche Fragen (vgl.: Viernickel. et al. 2013; Leitner, B.: Wir schaffen das – So gelingt es pädagogischen Fachkräften im Team, mit den Kindern und den Familien in Verbindung zu sein. Verlag das netz [In Vorbereitung]). Für mich als GFK-Trainerin war die genannte Studie der Impuls, GFK nicht nur als Kommunikationsmodell, sondern auch für die Qualitätsentwicklung in Teams zu nutzen

Jedes Team entscheidet je nach Situation und Entwicklungsstand, welche Fragen es in den Mittelpunkt stellt. Gleichzeitig ist es notwendig, immer wieder auf ein Niveau der Gemeinsamkeit zurückzukommen, um die Weisheit des Teams zu leben und nicht auf den Status von Einzelkämpfer*innen zurückzufallen. Deshalb befragt sich ein Team bei anstehenden Herausforderungen neu: Um welche Bedürfnisse geht es gerade? Worauf richten wir uns aus?

Sie erkennen: Auch als Team (und nicht nur jede*r für sich) erfüllen sie sich gemeinsam grundlegende Bedürfnisse – nach Wertschätzung und Akzeptanz, nach Verstehen und Verständnis, nach Lernen und Entwicklung, nach Individualität und Zugehörigkeit, nach Austausch und Gemeinsamkeit, nach Sinn und Kompetenz, nach Unterstützung und Freiheit und, und, und.

Jedes Mal, wenn pädagogische Fachkräfte im Seminar mit dieser Energie in Kontakt kommen, sind eine große Erleichterung, Verbundenheit und Freude zu spüren: „Ja, das ist es, was uns nährt, was wir einander geben", scheinen die Blicke und Gesten zu sagen. Die Kolleg*innen teilen eine Ausrichtung, fühlen sich einbezogen und stark. Sie spüren, dass diese Bedürfnisse sie auch in ihrer Arbeit motivieren.

Dadurch erlebt jede pädagogische Fachkraft die Gewissheit:

- Ich bin hier wichtig und werde mit meiner Arbeit gesehen (wie jede*r andere Kolleg*in auch).

UND:

- Ich gehöre einem Team an, in dem ich akzeptiert und geschätzt bin und das für mich wichtig ist und für das ich wichtig bin (wie jede*r andere Kolleg*in auch).

Dadurch entwickelt sich ein Team, das nach dem Prinzip der Musketiere arbeitet: Einer für alle. Alle für einen.[22]

3.7 Die Stärken der Einzelnen sehen und Vielfalt im Team leben

In einem Team, das ein lebendiger Organismus ist, genügen nicht Kopf und Hand, um eine gute Kindertagesstätte zu gestalten. Es braucht auch Herz und Bauch, um Erfahrungen zu fühlen, zu verdauen und loszulassen. Außerdem braucht es Augen und Füße, um neue Perspektiven zu sehen und weiterzugehen.

In diesem Sinne ist in einem KiTa-Team jede*r Mitarbeiter*in mit den jeweils sehr eigenen Kompetenzen gefragt:

- Worin liegt die Stärke jeder pädagogischen, jeder technischen Fachkraft?
- Was kann sie Besonderes einbringen?

Von diesen Qualitäten lebt ein lebendiges Team.

Es kann sein, dass einigen die Klärung der gemeinsamen Basis überflüssig erscheint: Warum darüber reden? Es gibt doch einen Bildungsplan, eine Konzeption, einen Arbeitsvertrag. Aber genau das ist das Problem. Diese Rahmenbedingungen werden getrennt von den pädagogischen Fachkräften verhandelt – als käme es nicht darauf an, diese Vorgaben mit Leben zu füllen – mit dem Leben der pädagogischen Fachkräfte. Um sie geht es und ihnen stellen sich in diesem Zusammenhang etwa folgende Fragen:

- Was inspiriert mich an dem Bildungsplan?
- Welche Ideen zur Umsetzung habe ich?
- Welche besonderen Stärken kann ich in diese Konzeption einbringen?
- Wodurch kann ich / können die anderen Kolleg*innen die Kindertageseinrichtung bereichern?

Jede pädagogische Fachkraft ist auf diese Weise ganz und gar mitverantwortlich für das Zusammenspiel, das ein Team gemeinsam kreiert. Natürlich gehören auch die Kinder und die Eltern zu dieser Gemeinschaft dazu. Ehe sie einbezogen werden, braucht es jedoch zunächst die Klarheit im Team.

Für die Bildung, Erziehung und Betreuung der Kinder in einer Kindertagesstätte ist also nicht nur jede einzelne pädagogische Fachkraft verantwortlich. Als ein Team, egal wie groß, legen die Kolleg*innen gemeinsam fest, in welchem Rahmen das ge-

---

22 Das schließt auch ein, sich mitunter von Kolleg*innen zu verabschieden, weil es nicht „passt".

schieht. Und dieser Rahmen bestimmt ganz wesentlich die tatsächliche Qualität einer Einrichtung.

Eine wertschätzende Beziehungsgestaltung im Team, mit den Kindern und den Eltern kreiert eine Art Container, in dem die Kinder lernen. Das Team als Ganzes wird so zu der „sicheren Basis", die laut Bindungsforschung die Voraussetzung für eine gute Beziehungsqualität zwischen Fachkraft und Kind ist. Die pädagogischen Fachkräfte nähren sich an den wertschätzenden Beziehungen im Team, um dann zu den einzelnen Kindern feinfühlige und unterstützende Beziehungen eingehen zu können.

In der GFK gibt es ein Prinzip, das m.E. die Qualität dieses Rahmens gut beschreibt: das Prinzip „Macht mit", als Qualität der Beziehung gleichwürdiger Menschen in einer demokratischen Gesellschaft. Jede*r in einem Team ist wichtig. Mit den jeweiligen Besonderheiten, den eigenen Kompetenzen und Ressourcen.

Dem stehen zwei andere, leider jedoch sehr geläufige Prinzipien gegenüber: „Macht über", als Prinzip der Dominanz, sowie die Passivität, also Gleichgültigkeit. In beiden geht viel Potenzial verloren: die gelebte Kraft und die Kreativität der Gemeinsamkeit.

Die folgende Übersicht verdeutlicht, welchen Bedürfnissen und Absichten diese drei Herangehensweisen jeweils dienen wollen und welche unterschiedliche Wirkung sie entfalten.

	Passivität	Macht über	Macht mit
Absicht	Ich will Ruhe. Das ist mir alles zu viel.	Ich will gehört / erhört werden.	Ich will gehört werden und mir ist unsere Verbindung wichtig. Die will ich zum Wohl aller nutzen.
Wirkung	Konflikte sind nicht in Ordnung. Sie stören.	Achte bei Konflikten darauf, dass du auf der Seite der Stärkeren bist und möglich nie unterliegst.	Konflikte gehören zum Leben. Wir schaffen es, uns zu verständigen, auch über Meinungsverschiedenheiten hinweg, und dadurch unsere Organisation zu bereichern.

	Passivität	Macht über	Macht mit
Langfristige Folgen	Konflikte, die unter den Teppich gekehrt wurden, treten immer wieder zutage und vergiften die Atmosphäre.	Die Fronten zwischen den Konfliktparteien verhärten sich. Es gibt Gewinner und Verlierer und somit kaum eine Basis für ein freundliches Miteinander und Zusammenleben.	Es gibt Gelegenheiten, über strittige Themen zu sprechen. Nach und nach entsteht mehr Offenheit, sich mitzuteilen. Zunehmend wächst die Bereitschaft, zum Lernen und zum Wachsen aller beizutragen. Es entwickelt sich eine freundliche, nährende Beziehungsqualität und Kooperationsbereitschaft.

Gelingt es, das Prinzip „Macht mit“ im Team zu leben, wird es leichter, ebenso mit den Kindern und den Eltern gleichwürdige Beziehungen zu gestalten und die Kindertageseinrichtung zum Wohle aller zu entwickeln.[23]

Das Prinzip „Macht mit“ ist ein kraftvolles, demokratisches Paradigma, durch das Menschen Mitsprache und Mitgestaltung erleben. „Macht mit“ verlangt anzuerkennen: Neben mir ist ein anderer Mensch, der, genauso wie ich, Gefühle und Bedürfnisse hat. Welchen Weg finden wir, für uns beide gut zu sorgen? Es verlangt einen Zwischenraum, um miteinander zu verhandeln.

Bei „Macht über“ weiß jemand, was gut oder schlecht ist – auch für andere. Er kennt den Weg, gibt ihn vor und dominiert. Oft geschieht das mit der Absicht, fürsorglich zu sein. Diejenigen, für die gesorgt wird, werden jedoch nicht gefragt. Der Spielraum für neue Lösungen wird eingeengt und Vorschläge werden als Forderungen vorgetragen, die umgesetzt werden sollen.

23 Zu erläutern, was das Prinzip für Leitung bedeutet, sprengt den Rahmen dieses Buches. Letztendlich ist es der Partizipation von Kindern vergleichbar: Sich seiner Macht bewusst sein und diese abzugeben und den Kolleg*innen etwas zuzutrauen. Verantwortung für ein Team zu tragen heißt vor allem, eine Richtung vorzugeben und fürsorglich mit dem Team und sich selbst umzugehen.

Natürlich können Kinder auch in einer nach dem Prinzip „Macht über“ organisierten Kindertagesstätte einen guten Tag verbringen und Spaß haben, in einer KiTa, in der die Kolleg*innen gestresst sind und wenig freundlich miteinander umgehen. Pädagogische Fachkräfte, die in einer solchen Einrichtung arbeiten, wirken in der Regel jedoch kaum als glaubhafte Vorbilder für die heranwachsende Generation. Die Kinder werden angehalten, Konflikte friedlich zu lösen und im Streit nicht (verbal oder nonverbal) aufeinander einzuschlagen. Doch was nehmen die Kinder auf, wenn sie beobachten, wie die Kolleg*innen übereinander reden und sich mitunter gegenseitig „abfertigen“?

Außerdem stellt sich die Frage, welches Bild pädagogische Fachkräfte in einer „Macht-über“-Umgebung den Kindern von sich und ihrem Beruf vermitteln. Seit einigen Jahren befrage ich hin und wieder Kinder zu verschiedenen Aspekten ihres Alltags in Kindertageseinrichtungen.[24] So wollte ich einmal von den Kindern wissen, ob sie sich vorstellen könnten, selbst Erzieher*in zu werden. „Nein“, war die einhellige Antwort der Sechs- bis Achtjährigen. Eine sagte: „Das ist so anstrengend, auf viele Kinder aufzupassen, dass die keinen Quatsch machen.“ Die Kinder erkannten, dass die Fachkräfte an ihre Grenze kamen und deshalb über ihre Grenzen gingen. Welch fatale Botschaft für die Jüngsten: Mit ihnen zusammen zu sein ist eine Last! Das muss nicht sein.

Vor allem aber nehmen die Kinder in ihrer Sensibilität und Offenheit sehr wohl wahr, welcher Geist in einer Kindertageseinrichtung herrscht. Sie empfangen die „Energie“ dieses Organismus und spüren seine Art und Weise des Daseins. Ist dieser KiTa-Organismus freundlich, wohlwollend, aufbauend und insgesamt liebevoll? Oder eher streng, hart, abgeschnitten und eng? Oder etwas dazwischen oder mal so und mal so?

Entsprechend fühlen die Kinder sich aufgehoben und inspiriert. Oder sie spüren, dass sie sich eher zurücknehmen sollten oder rebellieren müssen. Teilweise drücken sie durch ihr Verhalten aus, was sie in ihrer Umgebung wahr- und aufnehmen. Das ist auch gemeint, wenn Jesper Juul (2013) sagt, Kinder kooperieren immer. „Zwar tun sie dies unbewusst, doch legen sie mit untrüglichem Gespür den Finger in die Wunde und steuern direkt auf den Konflikt zu, der das Wohlergehen [in der KiTa, B.L.] beeinträchtigt“ (S. 52). Auch deshalb braucht es meiner Meinung nach für eine Kindertagesstätte in einer demokratischen Gesellschaft eine entsprechend wechselseitige Verständigung – zunächst der pädagogischen Fachkräfte untereinander.

---

24 Einige der entstandenen Collagen sind nachzuhören auf den Seiten des Pestalozzi-Fröbel-Verbandes ↗ https://www.pfv.info/aktuelles/kinder-haben-eine-meinung/

Es genügt nicht, wenn pädagogische Fachkräfte den Kindern Werte eines demokratischen Zusammenlebens erklären und vermitteln. Erst durch die Art und Weise, wie sich die Fachkräfte im Team aufeinander beziehen, voneinander lernen und sich gegenseitig unterstützen, schaffen sie eine Kultur, durch die die Kinder erleben: „Ach, so fühlt sich eine demokratische Gesellschaft tatsächlich an." Sie können es an den freundlichen Gesichtern und der Art der Interaktionen sehen, am Klang der Stimmen und den gesprochenen Worten hören, an den Gesten, Berührungen und Bewegungen spüren. Dann können sie sich entspannen und in das Leben und sich selbst vertrauen.

3.8 Wertschätzung und Dankbarkeit als Schmiermittel für Teamzufriedenheit

Als pädagogische Fachkräfte werden Sie für die Kinder einen freundlichen, wohlwollenden Rahmen halten und Lernmöglichkeiten eröffnen, wenn Sie sich selbst achten und respektieren und auch in ihrem Team Wertschätzung und Respekt erleben. Dafür ist es hilfreich, dass Sie auf sich selbst wertschätzend schauen.[25] Das ist jedoch nicht immer leicht. Vor allem dann nicht, wenn es insgesamt an Wertschätzung im Team fehlt. Wenn mit einem Mal ein anderer Ton angeschlagen wird, kann das sehr verunsichern. Mitunter trauen wir der Wertschätzung nicht und stutzen: „Was will sie jetzt von mir?" Oder es kommen nur abwehrende Sätze wie „Nicht dafür!" über unsere Lippen.

Alle Menschen (davon bin ich überzeugt) haben den Wunsch, mit dem, was sie können und vermögen und wie sie sich in die Gesamtheit einbringen, gesehen zu werden. Mitunter ist das mit etwas Aufregung verbunden: „Wird erkannt, was ich geleistet habe? Was ich der Gemeinschaft schenken wollte? Nimmt man dahinter mich mit meiner Besonderheit wahr?" Es ist das, worum es in dem Lied „See me beautiful" („Sieh die Schönheit in mir") geht, das Marshall Rosenberg gesungen hat.[26] Was berührt es in mir, wenn es benannt wird? Wenn ich offen und verletzlich damit da bin. Welche Wirkung hinterlässt es?

Natürlich ist es wohltuend, in einem Team einfach mal ein „Danke" zu hören. Oder dass jemand sagt: „Mir hat gefallen, mit welcher Ruhe du den Streit geschlichtet hast." Nährend wird Wertschätzung jedoch vor allem dann, wenn wir uns als Mitteilende für unsere eigene Erfahrung und Wahrheit öffnen. Dann drücken wir zugleich aus,

---

25 Dazu gibt es in Kapitel 2 den Vorschlag für eine Selbst-Wertschätzungs-Übung (Seite 46).

26 Unter diesen Link singt Marshall Rosenberg dieses Lied von Red Grammer: ↗ https://www.youtube.com/watch?v=1fFRPYGDa-0

was durch das Dasein eines anderen Menschen in uns zum Klingen gebracht wurde. Dadurch wird erneut die Magie der GFK berührt: Wir teilen mit, was eine andere Person getan hat, was unser Leben bereichert hat, benennen das Bedürfnis und nähren dadurch auch uns selbst. Wir bringen unsere Wertschätzung in den lebendigen Fluss von Nehmen und Geben ein und erlauben der Energie der Bedürfnisse, zwischen uns zu fließen.

„Ich hörte vorhin, wie du deine Kindergruppe fragtest, wie ihr das zusammen mit der riesigen Pfütze im Bad nach der Spritzaktion lösen wollt. Ich gestehe, ich war erst überrascht: Die Kinder nass und das Bad unter Wasser zu sehen und dann deine ruhige Stimme zu vernehmen. Plötzlich entspannte ich mich. Mir standen Tränen in den Augen. Ich habe mir immer gewünscht, dass Erwachsene mit mir freundlich und wertschätzend reden, wenn ich mit einer Sache so viel Spaß hatte – selbst wenn ich in ihren Augen Unsinn angestellt hatte. Dass sie mal nicht meckern.

Und dann hast du die Kinder auch noch mit einbezogen. Ihnen gezeigt, dass sie auch mit fünf Jahren einen Beitrag leisten können, die Überschwemmung zu beseitigen. Darüber waren die Kinder ebenso begeistert wie beim Quatschmachen. Das bereitet mir so viel Freude und gibt mir Mut. Danke. Ja, so will ich auch arbeiten.“

Den Kolleg*innen auf diese Weise das eigene Herz zu zeigen stärkt die Verbundenheit in einem Team. Es wird gewiss seine eigene Kultur der Dankbarkeit und Wertschätzung zu finden. Und wenn es Smileys sind, die sie sich gegenseitig schenken.

In Zeiten des Personalmangels besteht jedoch die Tendenz, im Team in ein Mangel-Denken zu geraten. Dann fällt Einzelnen vor allem auf, was (bisher) nicht geschafft wurde. Oder sie lassen sich von Gedanken beherrschen, was alles hätte besser laufen können. Vergessen jedoch werden die Tatsachen:

- Was haben die Einzelnen dennoch getan?
- Was wurde erreicht?

Folgende Beobachtungen könnte man hier benennen:

- Trotz aller Widrigkeiten hatte die Kindertageseinrichtung geöffnet.
- Die Eltern konnten ihrer Berufstätigkeit nachgehen.
- Die Kinder wurden betreut.
- Sie erlebten einen frohen Tag, vielleicht ohne Projekt und Ausflug. Ja.

Gleichwohl ist es möglich, das Glas halb voll zu sehen. Anzuerkennen, was bereits Gutes vorhanden ist, ist wie ein Tor zur Fülle, selbst in den Kindertagesstätten unserer Zeit. Wenn es pädagogischen Fachkräften gelingt, mit Augen der Dankbarkeit auf ihren Alltag zu schauen, verschiebt sich die Wahrnehmung. Wissenschaftliche Untersuchungen belegen, dass Gruppen, in denen auf die positiven Erfahrungen geschaut und Dankbarkeit gelebt wird, zufriedener mit ihrem Leben sind und optimistischer in die Zukunft schauen. Außerdem führt das Gefühl der Dankbarkeit dazu, mehr Verbundenheit mit anderen zu empfinden.[27]

Plötzlich finden Teams in Kindertageeinrichtungen vieles, auf das sie zufrieden und dankbar schauen können, dass:

- sie einen festen, sicheren Arbeitsplatz und ein geregeltes Einkommen haben;
- sie auch durch ihre Tarifkämpfe in den zurückliegenden Jahren für mehr gesellschaftliche Wertschätzung für ihre Arbeit in der Gesellschaft und eine bessere Bezahlung gesorgt haben;
- sich immer mehr Menschen darüber im Klaren sind, dass in den Kindertagesstätten der Grundstein für die Bildung für das Leben gelegt wird und es auch in der KiTa orientierende Bildungspläne gibt;
- die Kindertageseinrichtung in einem soliden, „schönen" Haus untergebracht ist oder sie bei schwierigen Bedingungen eine „schöne" Einrichtung geschaffen haben;
- sie Kolleg*innen an ihrer Seite haben, mit denen sie den Alltag bewältigen;
- die (meisten) Eltern voll Dankbarkeit und Wertschätzung auf ihre Arbeit schauen;
- es eine gute Ausstattung in den Räumen gibt und dafür jährlich Fonds zur Verfügung gestellt werden;
- sie eine*n Leiter*in an ihrer Seite haben und auch fachliche Beratung und Unterstützung;
- sich hinter der KiTa ein schöner Garten, ein Wald, eine Wiese befindet oder in der Nähe ein Park, in denen sie sich an der Natur erfreuen können;
- im Haus Wasser, Strom, Licht, Wärme stabil zur Verfügung stehen;
- es eine gut ausgestatte Küche gibt und ein nahrhaftes Essen zu den Mahlzeiten;
- sie Anspruch auf bezahlte Fortbildung und Urlaub haben usw.

Möglicherweise werden einige sagen, dass seien Selbstverständlichkeiten. Wie wichtig diese „kleinen Selbstverständlichkeiten" sind, bemerken wir vor allem dann, wenn sie einmal nicht da sind. Sie in ihrer Qualität zu würdigen ist eine Kraftquelle: Anzuerkennen, was ist! Zugleich stärkt es einzelne Fachkräfte und Teams, nicht bei dem Erreichten stehen zu bleiben und für bessere Bedingungen in ihrer Kindertagesstätte und im Land einzutreten.

---

27 Studien über die Auswirkungen von Dankbarkeit finden Sie auf folgender Webseite: ↗ https://neures.de/infothek/studien/

ÜBUNG: Dankbarkeit ausdrücken und Wertschätzung kultivieren

Es gibt verschieden Methoden, in einem Team Dankbarkeit auszudrücken und miteinander Wertschätzung zu leben. In manchen Teams hat jede*r Kolleg*in ein eigenes Fach im Mitarbeiter*innen-Raum und es gibt die Einladung, sich gegenseitig hin und wieder kleine (vielleicht auch geheime) Wertschätzungsbriefe zu schreiben.

Mitunter beginne ich auch eine Fortbildung mit einem „stillen Ressourcen-Grüßen". Alle Kolleg*innen bewegen sich still im Raum und treten jeweils mit einer stummen Dankesgeste den anderen Kolleg*innen gegenüber: „Mit dir gemeinsam meistere ich diese Aufgabe hier. Danke."

Zum Ende lade ich hin und wieder die pädagogischen Fachkräfte eines Teams ein, ihren Kolleg*innen auf ein am Rücken mit Klebeband befestigtes Blatt Qualitäten aufzuschreiben, die sie / er an der / dem anderen schätzt.

Besonders mag ich (und offensichtlich mögen es auch die Teams) das aus der buddhistischen Tradition von Thich Nhat Hanh übertragene Ritual des „Blumengießens". In der Mitte des Seminarraums steht ein Strauß mit Blumen, aus dem sich jedes Teammitglied eine Blüte nimmt. Damit geht die Fachkraft auf eine andere Person aus dem Team zu, um ihren Dank für eine konkrete Handlung auszusprechen, z. B.: „Danke, dass du für mich die Spätdienste übernommen hast, als mein Mann auf Dienstreise war." „Danke für deine Geduld bei der Anleitung für mich als Quereinsteiger." „Danke, dass du mir manchmal eine Pause gewährst, wenn du merkst, dass mein Stresspegel steigt."

Es werden die großen und kleinen Dinge im Alltag benannt, die für eine*n Kolleg*in einen Unterschied bedeuten. Sie zu hören tut auch der / dem anderen und dem gesamten Team gut.

3.9 Von der Kritik zum hilfreichen, entwicklungsfördernden Feedback

Wir alle entwickeln als erwachsene Menschen eine ganze Reihe freundlicher, nützlicher Denk- und Verhaltensweisen. Darüber formt sich unser Selbstbild, das mehr oder minder fest ist. „Ja, so bin ich!", denken wir von uns selbst und tragen vor allem unsere Qualitäten und Kompetenzen nach außen. Bei einer pädagogischen Fachkraft wäre es z. B. die Fähigkeit, eine Gruppe gut zu führen und bei Laune zu halten, viele Ideen für immer neue Spiele zu haben und, und, und.

Wir schleppen aber ebenso einige Schwächen und Gewohnheiten mit uns herum, die weniger freundlich und dienlich sind. Das ist einfach menschlich. „Nobody is perfect!" Manche unserer Schwächen versuchen wir zu verstecken, andere sind uns selbst gar nicht bewusst. Dafür fallen uns die „Macken" der anderen auf: Ist der

Leiter*in bewusst, dass sie verbal Wertschätzung äußert, dabei ihre Hand durch die Luft bewegt und damit das Gesagte wegwischt? Merkt die taff auftretende pädagogische Fachkraft von nebenan, dass sie Kinder, denen es gerade nicht so gut geht, durch ihre forsche Intervention frustriert und abweist, statt sie zu trösten?

In einer Kindertageseinrichtung gestalten pädagogische Fachkräfte den Alltag in einem zwar klar strukturierten Ablauf, und dennoch tagtäglich neu. Früher oder später fällt so in jedem Team deutlich auf, wo etwas knirscht: „Mit dem Verhalten, das sie zeigt, steht sich die Leiterin selbst im Weg." Oder: „Für ein gutes Zusammenleben in der Gemeinschaft mit den Kindern wünsche ich mir mehr Entspanntheit, als ich sie mit der Kolleg*in gerade erlebe."

Gibt es in einem Team einen Raum, über solche Beobachtungen zu sprechen, in denen das Selbstbild der anderen Fachkraft angekratzt, vielleicht auch erschüttert wird? Ist es möglich etwas auszudrücken, ohne dass sofort die inneren Verteidigungsmechanismen anspringen und die Person kämpfen, erstarren oder fliehen muss?

Ist genügend Wertschätzung in einem Team vorhanden, ist es leichter, auch etwas eher Unangenehmes anzusprechen. Ein sogenannter „blinder Fleck" kann benannt werden. Eine Fachkraft wird eingeladen, ihre Handlungen zu überdenken. Dabei muss das innere „Ich bin okay" nicht ins Wanken geraten. Vielmehr sieht diese Person die Chance, sich weiterzuentwickeln und etwas Neues zu lernen. Um auf die Beispiele von eben zurückzukommen: Vielleicht kann die Kolleg*in, die forsch auf Kummer reagiert, ein paar Tage später zustimmen: „Danke, dass ihr mir etwas zu meiner Intervention gesagt habt. Ich habe mich jetzt selbst eine Weile beobachtet, wie ich reagiere, wenn in meiner Gruppe ein Kind Kummer hat. Ja, ich bin dann ungeduldig und nervös. Da habe ich ein Thema, um das ich mich kümmern werde.[28] Was macht ihr eigentlich in solchen Situationen?" Auch die Leiterin mit den widersprüchlichen verbalen und nonverbalen Äußerungen wird dankbar für eine Rückmeldung sein. Möglicherweise wundert sie sich, weshalb ihre wertschätzenden Mitteilungen nicht auf fruchtbaren Boden treffen.

Feedback, wie ich es verstehe, ist freiwillig. Die (potenziellen) Empfänger*innen entscheiden, ob sie es haben wollen oder nicht. Eventuell ist es einer Fachkraft im Moment lieber, nichts zu hören: „Gerade habe ich so viel Baustellen in meinem Leben und keine Kapazität, etwas aufzunehmen. Können wir das aufschieben?" Ebenso liegt es auch bei den Empfänger*innen, ob sie die Botschaft für sich nutzen wollen oder nicht. Vielleicht äußert die Feedbackgeber*in eine Bitte: „Ich schlag dir vor, du atmest still für dich einmal tief ein und aus, bevor du dich dem Kind zuwendest."

---

28 In Kapitel 2 wird beschrieben, wie durch Coaching Auslöser wahrgenommen und verwandelt werden können und Fachkräfte dadurch neue Handlungskompetenz gewinnen können (Seite 53 ff.).

Die Empfänger*in muss diesen Vorschlag nicht annehmen – möglicherweise passt er gar nicht. Hier offenbart sich zudem, ob es sich wirklich um Feedback mit einem Vorschlag handelt oder doch eher um eine aufrichtige Selbstmitteilung. Mit einem Feedback will ich dem anderen ein Geschenk machen, indem ich meine Sicht der Dinge mitteile. Mein Gegenüber ist frei, es zu nehmen oder nicht. Mithilfe des Feedbacks kann mein Gegenüber sich selbst besser kennenlernen. Bei einer aufrichtigen Selbstmitteilung geht es um mich. Dann möchte ich eine Antwort oder eine Reaktion, weil bei mir etwas ausgelöst wurde.

In einem Seminar übe ich mit den Teilnehmer*innen, wie Feedback ausgedrückt werden kann. Das Thema hat Anna eingebracht. In der Krippe, in der sie arbeitet, fällt ihr auf, mit welcher Spannung ihre Kollegin Petra mittags den Kindern beim Essen assistiert. Anna ist neu im Team und anfangs geht es ihr nur darum, Petra, der erfahrenen Erzieherin, eine Rückmeldung zu geben. Beim Üben jedoch wird ihr bewusst, wie aufgeregt und traurig sie wird und wie eng sie sich fühlt, die Situation gegenüber ihrer Partnerin im Rollenspiel anzusprechen. Sie ist nicht mehr unbeteiligt und frei. Ihre eigenen Bedürfnisse und Werte werden berührt. Sie möchte, dass die kleinen Kinder sich bedienen und selbst entscheiden dürfen, ob sie mit dem Löffel oder mit der Hand essen. Sie will den Kindern die sinnliche Erfahrung des Essens in der Gruppe gönnen und sie nicht reglementieren. Hier geht es um ihre Wahrheit, um ihre Bedürfnisse. Sie schwenkt um vom Feedback zur authentischen Selbstmitteilung. Dann öffnet sie sich der Wahrheit ihrer Kollegin. Petra ist es wichtig, dass die Kinder grundlegende Kulturtechniken in der Gemeinschaft lernen. Wenn sie nicht früh genug lernen, mit einem Löffel zu essen, befürchtet sie, „könnte hier etwas einreißen". Hinter dieser Mitteilung kann Anna die Bedürfnisse nach Lernen und Kompetenz entdecken. Damit stimmt sie überein. Im Rollenspiel entscheiden sie und ihre Partnerin, den Kindern einen Löffel anzubieten und ihnen die Freiheit zu lassen, ob sie ihn nutzen oder nicht.

Bereits die Übung im geschützten Seminarraum war mit Herzklopfen verbunden. Das sind so verletzliche, anfechtbare Schätze, die Kolleg*innen einander offenbaren. Schnell werden Selbstzweifel laut, etwa bei der Fachkraft, die darum ringt, sich mitzuteilen: „Wer bin ich, dass ich hier den Mund aufmache? Wer weiß, was ich zu hören bekomme und welche Fehler sie bei mir entdecken! Hoffentlich hängt hinterher nicht der Haussegen schief!" Nicht viel anders sieht es bei der Fachkraft aus, die Feedback empfangen soll: „Bin ich noch in Ordnung? Kann ich wirklich auf meine Kompetenz als staatlich geprüfte*r Erzieher*in bauen, wenn hier jemand etwas zu meiner Arbeit sagt? Habe ich noch einen geachteten Platz im Team?"

In gewissem Sinne gehören diese Ängste dazu. Sie sind ein Zeichen dafür, dass Ehrlichkeit angestrebt wird und Herzenswahrheiten mitgeteilt werden. Je mehr mir das bei meinen eigenen Mitteilungen bewusst wird, umso mehr freue ich mich an diesem Pochen in meiner Brust. Es verrät auch, dass ich lebendig bin und mich aus meiner Komfortzone bewege.

Gibt es in einem Team jedoch übergroße Ängste und Unsicherheiten, wird vermutlich eher Schönrederei an der Tagesordnung sein und nicht so sehr ein ehrliches Gespräch. Dann gelingt es kaum, hilfreiche Informationen aus den Mitteilungen der Kolleg*innen zu gewinnen und entsprechende Konsequenzen für eine gute pädagogische Arbeit zu ziehen.

Dabei sind sich Expert*innen der Frühpädagogik einig, dass kollegiales Feedback *ein* wesentlicher Zugang zur Qualitätsentwicklung in Teams ist. Deshalb setzen die meisten der heute in den Kindertagesstätten üblichen Evaluationsverfahren auf die wertschätzende Rückmeldung. Pädagogische Fachkräfte erfahren, wie sich ihre Handlungen auf andere auswirken und welche Rolle sie in einem größeren Zusammenhang spielen. Feedback hilft zu verstehen, dass wir immer ein Teil eines größeren Ganzen sind. Es unterstützt uns, unsere Handlungen im Interesse der Gemeinschaft zu verändern. In dem Sinne ist Feedback eine Methode, um in Freundlichkeit zusammenzuarbeiten und Kindertagesstätten zu schaffen, in denen es um das Wohl aller geht. In solchen Einrichtungen werden sowohl die Kinder als auch die pädagogischen Fachkräfte in ihrer Individualität wachsen und sich zugehörig fühlen.

ÜBUNG: Verbindung statt Kritik

Denken Sie an eine Person aus Ihrem Umfeld (eine Kolleg*in, ein Kind, ein Elternteil), mit der Sie häufig Kontakt haben. Gibt es etwas, das diese Person tut, womit Sie nicht einverstanden sind? Etwas, was sie tut oder wie sie es tut?

Was kritisieren Sie?

Nun schauen Sie genauer hin: Was sehen oder hören Sie?

Schreiben Sie die Beobachtungen auf und achten Sie darauf, dass keine Wertungen enthalten sind.

Weshalb mögen Sie nicht, was die Person tut? Welche Gefühle und Bedürfnisse sind für Sie damit verbunden?

Können Sie spüren, dass das Verhalten bei Ihnen etwas auslöst? Können Sie dafür die Verantwortung übernehmen?

Versuchen Sie, Ihre Gefühle und Bedürfnisse in einer Ich-Botschaft auszudrücken: Ich fühle ..., weil mir [Bedürfnis] wichtig ist.

Mit einer anderen Person in Kontakt zu kommen fällt leichter, wenn man nachvollziehen kann, welches Bedürfnis sie sich durch ihr Verhalten zu erfüllen versucht. Dazu gehört anzuerkennen, dass die eigene Sicht stets nur eine mögliche unter vielen anderen Sichtweisen ist. Gleichwohl ist es wertvoll und bereichernd, sie der anderen Person zur Verfügung zu stellen.

Überlegen Sie, mit welcher Bitte Sie eine Verbindung zu der Person aufnehmen können und wollen. Welche Art von Bitte fällt Ihnen ein?

Gibt es eine konkrete Handlung, die Sie sich wünschen (Handlungsbitte)?

Wollen Sie etwas besser verstehen (Verständnisbitte)?

Oder geht es Ihnen zunächst darum, die Beziehung zu verbessern (Beziehungsbitte)?

Oder treffen mehrere oder alle Vorschläge zu?

3.10 „Stopp! So geht das gar nicht!“ Grenzen gewaltfrei setzen

Bei aller Wertschätzung für die Arbeit von pädagogischen Fachkräften: Es gibt auch Grenzen. Grenzen, die pädagogische Fachkräfte überschreiten, indem sie ethisch unangemessen gegenüber Kindern handeln, etwa durch negative Zuschreibungen bzw. Behauptungen, den Ausdruck von Vorurteilen oder durch Bloßstellungen. Oder sie verhalten sich den Kindern gegenüber ungerecht oder unfair, schreien, benutzen Schimpfwörter, machen die Kinder lächerlich, beschämen, ignorieren, vernachlässigen oder missachten sie; sie verletzen die Rechte der Kinder, unterstellen ihnen Fehlhandlungen, drohen, schüchtern ein, geben Informationen weiter oder gerade nicht), isolieren, geben unangemessene Arbeitsaufträge und verletzen Kinder auch körperlich.[29]

Forscher*innen haben viele Jahre pädagogische Alltagssituationen (vor allem) in Schulen und Kindertageseinrichtungen begleitet. Dabei ergab sich, dass drei Viertel der beobachteten Interaktionen zwischen Lehrer*innen bzw. Erzieher*innen und Kindern anerkennend und neutral verliefen. Ungefähr 20 Prozent wurden als leicht verletzend beziehungsweise ambivalent eingeschätzt und mehr als fünf Prozent als stark verletzend. Bei einer Befragung von Studierenden gaben nur 23 Prozent der ehemaligen Schüler*innen an, von Lehrkräften keine Kränkung erfahren zu haben.

29 Ich nutze hier die Aufzählung ethisch unangemessener Verhaltensweisen, wie sie in den „Reckahner Reflexionen“ aufgeführt und dort nach Krumm 2003; Krumm & Eckstein 2002 zitiert werden. Vgl. Prengel et al. 2017.

Alle erinnerten sich an Angriffe von Mitschüler*innen, die sie miterlebt oder selbst erfahren hatten (vgl. Prengel et al. 2017, S. 12).

Hier sind Sie als pädagogische Fachkräfte aufgefordert, einzuschreiten und sowohl Kolleg*innen wie Kindern ein „Stopp!" entgegenzusetzen. Normative gibt es dazu ausreichend, z. B. Artikel 1 des Grundgesetzes: „Die Würde des Menschen ist unantastbar." Oder das Bürgerliche Gesetzbuch, in dem seit 2002 das Recht auf gewaltfreie Erziehung festgeschrieben ist. Auch die UN-Kinderrechtskonvention legt in Paragraph 1 fest, dass „das Wohl des Kindes ein Gesichtspunkt (ist), der vorrangig zu berücksichtigen ist", und in Paragraph 19 den Schutz vor körperlicher und geistiger Gewaltanwendung und Misshandlung. Selbst das Arbeitsrecht sanktioniert Machtmissbrauch.

Woran fehlt es also? An Übung. Pädagogische Fachkräfte haben keine Übung darin, Gewalt gegen Kinder in Kindertagesstätten anzusprechen. Häufig wissen die Kolleg*innen, wer dazu neigt, lauter zu werden oder die Kinder verletzend zu behandeln. Gleichwohl besteht auch hier die Unsicherheit: Wie spreche ich etwas an? Wann? Wie gelingt es mir, eindeutig ein grenzverletzendes Verhalten zu sanktionieren und zu beenden und nicht zugleich neue Gewalt, nun gegen die pädagogische Fachkraft, zu initiieren? (siehe auch Leitner 2020).

Der „gewaltfreie Schrei" – einschreiten und „Stopp!" sagen, jemanden auffordern, hinauszugehen oder ein Verhalten zu beenden – ist dennoch der leichtere Teil. Hier ist aktiver Schutz gefragt und damit auch die Anwendung von schützender Macht. Das mag auf dem ersten Blick vergleichbar sein mit „Macht über"[30], keine Diskussion! Hier lasse ich ein bestimmtes Verhalten nicht zu! Gleichzeitig gibt es einen wesentlichen Unterschied. Macht wird hier im Dienst des Lebens gebraucht. Ich schütze die Unversehrtheit eines Kindes, seine Integrität. Ich sehe es als empfindsames und verletzliches Wesen, in dessen Interesse ich machtvoll und stark auftrete. Ganz ähnlich klingt es bei Erich Fried in der letzten Zeile seines Gedichtes *Die Gewalt:*

> Die Gewalt kann man vielleicht nie
> mit Gewalt überwinden,
> aber auch nicht immer
> ohne Gewalt.

Wie passen der Einsatz von „schützender Macht" und GFK zusammen? Es gibt noch einen Faktor, der den Unterschied ausmacht: Das kraftvolle Eintreten von pädagogischen Fachkräften gegen Gewalt wird nicht zusätzlich mit strafender Macht beantwortet.

---

30 Zum Unterschied von „Macht über" und „Macht mit" siehe Seite 128 ff.

Aus GFK-Sicht ist das einerseits klar, andererseits aber auch kompliziert Denn: Auch eine pädagogische Fachkraft, die übergriffig und verletzend handelt, erfüllt sich ein wichtiges Bedürfnis. So wenig die Handlungen zu rechtfertigen sind, lohnt es sich doch zu fragen: Was ließ sie so handeln?[31] Es verstehen zu wollen bedeutet nicht, damit einverstanden zu sein. Es geht darum, die Chance zur Veränderung zu berühren – für die pädagogische Fachkraft wie für das Team.

Welches Bedürfnis versucht sich ein*e Erzieher*in zu erfüllen, die laut im Gruppenraum schreit? Vielleicht Ruhe, Entlastung, Verstandenwerden, Struktur, Gemeinsamkeit, Balance zwischen Geben und Nehmen?

Welches Bedürfnis ist jener Fachkraft wichtig, die ein Kind vom Klettergerüst herunterzerrt? Sicherheit, Schutz, Vertrauen, Respekt, Miteinander?

So wichtig der Respekt vor dem Kind ist: Auch die eben genannten Bedürfnisse sind zu beachten. Sie sind der Zugang zu den Kolleg*innen, um das Erlernen neuer Denk- und Verhaltensweisen anzuregen. Werden diese Bedürfnisse nicht berücksichtigt, bleibt die Gewalt existent – vielleicht unter der „Decke“ der angeblichen Klärung, aber sie ist noch da. Werden die Bedürfnisse jedoch gehört, besteht die Chance, an den Auslösern und Bedingungen zu arbeiten, die zu gewalttätigen Handlungen führten. Und um nichts anderes geht es in der GFK: Dafür zu sorgen, dass die Bedürfnisse aller gesehen werden.

Für Teams in Kindertageseinrichtungen heißt das: Es gilt dafür einzutreten, dass die pädagogischen Fachkräfte einerseits unterstützt werden, neue Verhaltensstrategien zu erlernen. Andererseits müssen sie aber auch Bedingungen vorfinden, unter denen sie sich ebenso wohlfühlen wie die Kinder, um wertschätzend und entspannt arbeiten zu können. Diese Aufgabe bleibt ein weites Feld!

---

31 Siehe hierzu auch Kapitel 2, Seite 52 ff.: die Auseinandersetzung einer pädagogischen Fachkraft mit ihrer eigenen groben Seite.

4. Einen Ort zum emotionalen Wachsen schaffen: Die Beziehungen mit Kindern gestalten

„Warum sollte ich einen Menschen anders behandeln als andere, nur weil es zwischen uns Unterschiede in Bezug auf das Alter, auf die Sprache und den Wissensstand gibt?“

(Marshall B. Rosenberg 2004a, S. 100)

Geschichte 6: Im Streit zwischen Kindern vermitteln

Nach dem Spiel im Garten herrscht großer Tumult im Gruppenraum. Jeweils drei, vier Kinder verteilen sich in die verschiedenen Ecken und reden laut aufeinander ein, hängen und ziehen aneinander. Drei vierjährige Jungen laufen aufgeregt zu ihrer Erzieherin Birgit. „Die Großen haben uns gehauen“, beschwert sich Felix bei ihr. Georg weint. Er erzählt, dass ein Sechsjähriger ihm die Schnürsenkel seiner Schuhe aneinandergebunden hat. Beim Loslaufen ist er hingefallen. „Die sind gemein“, kommentiert er.

Es ist so viel los im Raum und schwer einen Überblick zu gewinnen. Birgit wirkt angestrengt. Über ihre Stirn zieht sich eine Falte. Ihr Gesicht verhärtet sich. „Kommt mal her!“, pfeift sie die benannten vier Fünf- und Sechsjährige heran. In ihrer Stimme klingt Ärger mit. Hat sie ein Urteil über diese Jungen? Als sie vor ihr stehen, nimmt sie die Kinder fest in den Blick. Ein Junge will etwas Erklärendes sagen. Sie unterbricht ihn sofort: „Gerade haben wir die Regeln miteinander vereinbart. Es wird nicht gehauen! Wieso haltet ihr euch nicht daran? Entschuldigt euch!“

4.1 Wahrnehmen was ist, ohne zu bewerten

Ohne zu überprüfen, was vorgefallen ist, hat Birgit einen Weg, wie der Streit aus der Welt geschafft werden könnte. Vermutlich sortierte die Erzieherin die Kinder in ihrer Vorstellung in Schubladen ein: aggressiv, auffällig, grenzüberschreitend, böse.[32] Wird ein Verhalten auf die Dauer so zugeordnet, ohne Alternativen anzubieten, kann es passieren, dass Kinder sich in solchen Schubladen einrichten. Das kann ihnen zunächst die Zusammengehörigkeit in der Gruppe sichern und später sorgen sie möglicherweise als Clique erst recht für Unruhe. Ob sich damit jedoch jedes der Kinder in seiner Individualität zeigen und wohlfühlen kann, ist fraglich.

Der menschliche Geist ist schnell und bewertet (nahezu) immer. Das ist gar nicht schlecht, ist mitunter sogar lebensnotwendig. Zu bewerten hilft, Dinge einzuordnen, Orientierung zu finden, den Überblick zu wahren. Noch ehe es uns gelingt, in einer Situation die vielen Details zu erfassen, liefert uns unser Geist aufgrund früherer Erfahrungen eine Zusammenfassung und ordnet ein in „eher gut" oder „eher schlecht". Selten nur bekommen wir ein „Neutral". Damit fällt jedoch der Reichtum des Lebens unter den Tisch. Mit einer Bewertung setzen wir eine Brille auf, die den Blickwinkel beschränkt. So eingeengt können wir viele Details, die das Leben ausmachen, nicht mehr sehen.

Pädagogische Fachkräfte sind besten Willens, die Kinder wahrzunehmen, wie sie sind, und nutzen dazu verschiedene Beobachtungsverfahren. Und dennoch schnappen immer wieder Schubladen zu. Hier wäre es hilfreich, zwischen einer Beobachtung und einer Bewertung zu unterscheiden, also den ersten Schritt in der GFK zu vollziehen: Ich bleibe bei dem, was ich gesehen und gehört habe. Ich halte mich an die reinen Fakten, ohne Hinzufügungen.

Auch spirituelle Lehrer*innen fordern dazu auf, sich selbst beim Denken und Bewerten zuzusehen, als sei man im Kino. Aber ist es überhaupt möglich, zwischen dem zu unterscheiden, was ich wahrnehme, und dem, was ich darüber denke? Ich sehe einen Zopf und denke: „Mädchen." Welcher Film läuft weiter? Welche Szenen lasse ich entstehen? Sind sie real? Kann ich in meinem Kopf-Kino die Pausentaste drücken und überprüfen, ob die Bilder stimmen? Was ist der konkrete Fakt, was ist das konkrete Verhalten, frei von Erwartungen, Verallgemeinerungen, Kritik oder anderen Formen von Analyse? Ich schaue genauer hin und sehe zusammengebundenes Haar. Möglicherweise ist es vorschnell, auf ein Mädchen zu schließen.

---

32 Gleichwohl lohnt es, wenn pädagogische Fachkräfte (später, im geschützten Raum) ihre Urteile übersetzen und eine „Wolfsshow" machen, wie Marshall Rosenberg das nannte (vgl. Kapitel 3, Seite 66).

Beobachtung

Beobachten heißt: Ich beziehe mich auf das, was ich sehe und höre (auch schmecke und rieche). Bei einer Beobachtung geht es um überprüfbare Fakten, die von beiden Seiten wahrgenommen werden können. Mein Gegenüber sagt: „Ja, das stimmt."

Etwas beobachten öffnet, lässt neugierig sein. Wenn ich jedoch werte und mit eingeschränktem Blick auf die Welt schaue, spüre ich, wie ich selbst eng und hart werde. Beobachten hingegen macht frei. Deshalb formulierte der indische Philosoph Jiddu Krishnamurti: „Die höchste Form menschlicher Intelligenz ist die Fähigkeit, zu beobachten ohne zu bewerten."[33]

Es lohnt sich jetzt, noch einmal auf die Szene nach dem Streit zwischen den Kindern im Garten zu schauen: Waren hier tatsächlich „wilde Kerle" unterwegs?

Unterdessen ist Julia, die andere Erzieherin, nach ihrer Pause in den Raum gekommen. Sie sieht Birgit kraftlos inmitten der gestikulierenden Kindergruppe und verständigt sich mit ihr über einen fragenden Blick: „Soll ich mal eine Klärung versuchen?" Birgit stimmt zu. Julia erkundigt sich bei den Kindern, was im Garten passiert ist. Um sich einen Überblick zu verschaffen, schlägt sie eine Mediation vor. „Das ist ein Gespräch im Streit, bei dem jeder gehört wird", erklärt sie den Kindern. Sie selbst achtet darauf, dass erst eine Seite spricht, dann die andere, und dass beide einander zuhören. Sie sei so etwas wie eine Schiedsrichterin, fügt sie hinzu. Sie sucht nicht nach der Schuld, sondern will, dass die Kinder einander verstehen und gemeinsam gute Lösungen finden. „Habt ihr Lust darauf?", will sie wissen. Die Kinder willigen ein.

Zunächst erkundigt sich Julia bei den jüngeren Kindern, was sie erlebt haben. Die älteren Jungen bittet sie nachzuerzählen, was sie die Jüngeren sagen hörten: „Dass sie es doof fanden, gehauen zu werden. Wir haben ihnen wehgetan." „Dass sie traurig sind." „Sie hätten gern mitgespielt." „Georg konnte über den Spaß mit den Schuhen nicht lachen. Er hat sich geärgert." Felix und die anderen jüngeren Kinder stimmen dem zu, was die vier älteren Jungen mitgeteilt haben. „Ja, so war es." Das ist ihnen wichtig.

„Seid Ihr nun auch bereit, die älteren Jungen zu hören?", will Julia anschließend von den jüngeren wissen. Auch sie bejahen. Die vier erzählen, dass sie sich ein Versteckspiel ausgedacht hatten. Mitten im Spiel kamen die jüngeren dazu. Auch sie versteckten sich und riefen die Namen derer, die sie sahen. Jedoch: Sie kannten die Regeln nicht und durch ihr Zutun wurden die Verstecke viel schneller entdeckt. Darüber

33 Vgl.: ↗ http://legacy.jkrishnamurti.org/de/krishnamurti-teachings/view-daily-quote/20170415.php

ärgerten sich die älteren Jungen. Sie wollten ihr Spiel spielen! Ungestört! Deshalb jagten sie die Kleinen und schlugen nach ihnen. Als Georg beim Weglaufen die Schuhe verlor, band Oscar sie aneinander. Jetzt tut es ihm leid, dass Georg gefallen ist und sich wehgetan hat.

„Was ist bei euch angekommen, was den älteren Jungen wichtig ist?“, wünscht Julia als Mediatorin sich nun von den jüngeren zu hören. „Die wollten spielen“, sagt einer. „Allein“, ergänzt Felix. Schon beim Wiedergeben stutzt er: „Wir haben nicht gefragt.“ „Das war doof“, sagt ein anderer.

Ein neues Bild zeigt sich. Nach der Mediation braucht es keine Ent-Schuld-igung, weil keiner Schuld hat, bemerken die Kinder. Jeder handelte in seiner eigenen Logik und für sich begründet. Ein Bedauern tut gut: Dass jemand sich verletzt hat. Dass im Streit geschlagen wurde, was weh tut. Gleichzeitig ist der anfängliche Groll verflogen. Die älteren wie die jüngeren Jungen fühlen sich verstanden und gesehen und beide Gruppen sind entspannt. Deshalb lädt Julia sie ein, zu überlegen, was sie aus der Auseinandersetzung lernen können. Welche Ideen haben sie jetzt für ähnliche Situationen?

Den sieben Jungen fallen sofort ganz viele Wege ein:

- Die Kleinen könnten fragen, ob sie mitspielen dürfen und welche Regeln gelten.
- Die Großen könnten die Kleinen einladen.
- Sie könnten sich im Morgenkreis zum gemeinsamen Spiel verabreden.
- Sie könnten die Regeln aufmalen, ausprobieren und sich für das nächste Spiel wieder neue Regeln ausdenken.
- Sie könnten die Mädchen einladen.
- Die Kinder könnten zur besseren Verständigung regelmäßig Kreisgespräche durchführen und dazu einen Extra-Platz im Gruppenraum einrichten.
- Die Kinder könnten lernen, wie man einen Streit schlichtet.

Solch eine Mediation unter Kindern braucht nicht länger als zehn bis fünfzehn Minuten, und länger sollte sie auch nicht dauern, weil die Kinder sich oft nicht länger konzentrieren können. Die begleitenden Erwachsenen nehmen eine ruhige, entspannte und interessierte Haltung ein. Es geht nicht um ein Verhören oder Ausfragen, sondern um ein Erforschen und Verstehen. Dazu sollten die Erzieher*innen bereit sein, allen Kindern gleichermaßen geduldig und auch offen zuzuhören. Ist das nicht möglich, kann keine Mediation durchgeführt werden oder die beteiligten Erwachsenen müssen zunächst für sich und ihre eigene Offenheit sorgen[34].

34 Hier geht es um Selbstempathie, wie in Kapitel 2 beschrieben.

Mediationen unterstützen Sie als pädagogische Fachkräfte darin, eine Gruppe von Kindern zu führen und mit ihnen eine angenehme Gruppenatmosphäre zu schaffen. Es geht nicht um Strafen, Sanktionen, Rache, Urteile oder die Disziplinierung angeblich schwieriger Kinder. Die Handlungsmotivation eines jeden Kindes wird ergründet. Da alle Kinder zu Wort kommen, werden alle ermutigt und gestärkt. Sie erleben, dass sie sein können, wie sie sind, und lernen auf eine positive Weise, über ihr Verhalten nachzudenken. Sie werden in ihrer Individualität geschätzt und finden einen Platz in der Gruppe, auch wenn sie sich gerade in einer Weise verhalten haben, die für andere nicht gut ist. Eine solche Haltung prägt ein demokratisches Denken und Handeln in Kindertagesstätten heute und trägt in die Zukunft.

ÜBUNG: Vom Gegeneinander zum Miteinander – eine Mediation[35]

Vorbereitung: Häufig finden Kinder im Streit schnell alleine Wege, sich zu verständigen. Zeichnet sich jedoch ab, dass eine Auseinandersetzung zu eskalieren droht, sollte der Streit so früh wie möglich unterbrochen werden. Eine Orientierung könnte lauten: „Hier werden Konflikte mit Worten geklärt. Wer schlagen will, darf zum Boxsack gehen. Ich schlage eine Streitschlichtung vor."

Zunächst gilt es, ein Setting vorzubereiten, in dem die beteiligten Kinder gehört werden. Manche Kindertagesstätten haben bereits eine Friedensecke eingerichtet. Dort liegt vielleicht ein Redestein und es hängen die Regeln aus, die Kinder für solch ein Gespräch aufgemalt haben. Die Kinder erleben: Es gibt einen Ort, an dem Konflikte auf faire Weise geklärt werden.

Wenn die Kinder sich körperlich auseinandergesetzt, sich etwa geschlagen haben und erregt sind, braucht es als Erstes dringend einen Zwischenraum. Emotional, um die Gefühle wahrzunehmen, zu entladen und zu beruhigen. Und auch eine räumliche Trennung: „Hier bin ich. Da bist du. Da ist die zweite Partei." Damit wird auch klar gezeigt: Jeder Mensch ist anders.

Vorgehen: In der Mediation bekommen die Beteiligen Gelegenheit mitzuteilen, was sie bewegt, was ihnen wichtig ist (wenn es passt mit den Schritten: Beobachtung, Gefühle, Bedürfnisse).

Erst hört eine Seite zu, was die andere zu sagen hat und ihr wichtig ist. Anschließend geben die Zuhörenden wieder, was sie verstanden haben. Dann wird getauscht.

35 Diese Form der Mediation ist angelehnt an „Restorative Justice" (Wiederherstellende Gerechtigkeit) und die Versöhnungsgespräche im Kreis, die Domenic Bater in die GFK einbrachte.

Fragen, die diesen Prozess unterstützen:
- Was möchtest du, das X versteht?
- Was hast du von Y gehört?
- Ist es das? Gibt es sonst noch etwas?

Erst wenn es keine Hinzufügungen gibt, sich beide Seiten verstanden fühlen und Entspannung spürbar ist, ist es möglich, zum Wir zu kommen: Wie wollen wir jetzt handeln?
- Habt ihr eine Idee, wie das Problem gelöst werden kann?
- Geht das für dich / euch?

Möglicherweise werden in einer Art Brainstorming viele Ideen gesammelt, wie das „Problem" gelöst werden kann. Die Kinder entscheiden dann, welcher Weg für sie gerade der attraktivste ist. Möglichweise lohnt es sich später, auf die anderen Vorschläge zurückzukommen.

4.2 Die Einzigartigkeit jedes Kindes sehen

Jedes Kind kommt als einzigartiges und in gewissem Sinne als komplettes Wesen auf die Welt. Alle Kinder haben eine Vorstellung davon, wie sie von anderen empfangen werden wollen. Von Geburt an tragen sie, so schreibt es der Psychoanalytiker Martin Dornes (2006, S. 76 ff.), ein Bild des „virtuellen anderen" in sich. Von Erwachsenen erwarten sie Reaktionen, die sich in einem gewissen Spektrum bewegen sollen, etwa: „So, wie du bist, bist du willkommen!" Mit dieser Haltung wollen sie auch im Alter von ein, zwei oder mehr Jahren in der Kindertagesstätte begrüßt und in ihrem Lernen begleitet werden. Sie brauchen ein Ja zu sich und ihren Lebensäußerungen.

Kinder sind von Anbeginn an handelnde Subjekte. Sie werden nicht einfach passiv von Erwachsenen versorgt, betreut und angeregt. Kinder sind stets aktiv am Geschehen beteiligt und erleben die Fürsorge innerlich mit. Diese Fähigkeit zur unmittelbaren gefühlhaften Teilhabe ist Ergebnis des Lernens und zugleich eine Voraussetzung für das Lernen sowie eine erste Form von Beteiligt-Sein. Neben ihren lautlichen Äußerungen geben Kinder beispielsweise durch ihre Körperbewegungen, ihr Weggucken, Erstarren oder Zappeln, einen heftigeren oder flacheren Atem und andere Zeichen Auskunft über sich. Alle Äußerungen enthalten einen Sinn, den wir als Erwachsene entschlüsseln sollten. Ein Kind, das z. B. zappelt, kann damit Lust ausdrücken oder den Wunsch nach Kontakt. Oder es versucht, ein Unbehagen loszuwerden. All das gehört zur „Sprache" der Kinder, die von den Erwachsenen aufgenommen und erspürt werden kann. Durch ihr Lachen, Weinen, Staunen, ihre Zeigehaltung, ersten Laute, Fragen, durch ihr Krabbeln, Rennen, Rollen, Fahren, Klettern, ihr konzentriertes Spiel, ihr Singen, Tanzen, Malen – durch alles, was sie tun oder lassen, signalisieren Kinder, womit sich gerade beschäftigen, was sie fühlen und was ihnen wichtig ist. Der italienische Pädagoge und Mitbegründer der Reggio-Pädagogik, Loris Malaguzzi, schrieb darüber das folgende Gedicht.

Die hundert Sprachen des Kindes

Die Hundert gibt es doch
Das Kind besteht aus hundert. Es hat hundert Sprachen
hundert Hände
hundert Gedanke
hundert Weisen zu denken, zu spielen und zu sprechen

Hundert
immer wieder hundert Arten
zu hören, zu staunen und zu lieben.
Hundert heitere Arten
zu singen, zu begreifen
hundert Welten zu entdecken
hundert Welten zu erfinden
hundert Welten zu träumen
Das Kind hat hundert Sprachen
(und weitere hundert und hundert und hundert)

Neunundneunzig davon aber
werden ihm gestohlen
weil Schule und Kultur
ihm den Kopf vom Körper trennen
Sie sagen ihm:
ohne Hände zu denken
ohne Kopf zu handeln
zuzuhören und nicht zu sprechen
Ohne Heiterkeit zu verstehen,
zu lieben und zu staunen
nur zu Ostern und Weihnachten.

Sie sagen ihm:
es soll die Welt entdecken
die bereits existiert
Und von hundert werden ihm neunundneunzig gestohlen.
Spiel und Arbeit
Wirklichkeit und Fantasie

Wissenschaft und Imagination
Himmel und Erde
Vernunft und Träume
seien Dinge, die nicht zusammenpassen
Sie sagen ihm kurz und bündig
dass es keine hundert gäbe

Das Kind aber sagt:
Und ob es die Hundert gibt

(Loris Malaguzzi)

In die Sprache der GFK übersetzt heißt das: Durch das, was Kinder tun und lassen, zeigen sie ihre Gefühle und Bedürfnisse. Für Sie als pädagogische Fachkraft heißt das, sich zu fragen:

- Welche Signale nehme ich wahr?
- Was könnte das Kind fühlen?
- Was scheint es über sich, die Beziehung zu mir oder die Beziehung zu dem erforschten Gegenstand auszudrücken?
- Was könnte es wollen oder brauchen? Um welches Bedürfnis könnte es gehen? (Meist ist es nicht nur eins.)

Mit solchen Fragen begeben Sie sich als pädagogische Fachkräfte in unzähligen Situationen auf Forschungsreise. Die Antworten bringen Sie in den verbalen und nonverbalen Dialog mit den Kindern ein. Dabei lohnt es sich, bei folgenden Punkten aufmerksam zu sein:

- Wofür erhalten Sie als pädagogische Fachkraft vom Kind eine Bestätigung?
- Wodurch entspannt sich das Kind oder verändert es seine Reaktionen?
- Worauf reagiert das Kind stärker? Wovon braucht es mehr, wovon weniger?
- Wie können Sie sich als Fachkraft erneut in den Dialog begeben? Durch eine verbale oder eine nonverbale Ansprache, durch ein Spielangebot oder durch eine Veränderung im Raum?

Aus der Gesamtheit der verbalen und nonverbalen Signale, die sie von ihrem Gegenüber erhalten, entschlüsseln Kinder wichtige Informationen über die Situation, die Beziehung und über sich selbst und überprüfen sie auf ihre innere Stimmigkeit. Neben dem, was gesagt wird, liefern auch Stimmhöhe, Sprechtempo, Körperhaltung und Blickkontakt wesentliche Informationen. Auch die winzigsten Mikrosignale, die meistens nicht einmal dem Sprechenden selbst bewusst sind – ein Nicken, ein verängstigter Blick, ein herablassendes Lächeln – werden registriert und automatisch analysiert. Der Inhalt der Worte ist Kindern erst um das fünfte Lebensjahr herum vollständiger zugänglich. Jüngere Kinder hören mehr auf das, was jenseits der Worte ausgedrückt wird. „Spricht dieser Mensch freundlich mit mir? Sagt er mir ein Ja? Oder eher nicht? Ist dieser Mensch überhaupt zu spüren und mir zugewandt?"

Deshalb ist es wichtig, dass pädagogische Fachkräfte mit ihrem Auftreten und ihrer Präsenz gerade den jüngsten Kindern eindeutig vermitteln: „Ich bin für dich da! Ich nehme auf, was immer gerade passiert!" Das können sie nur, wenn ihnen selbst bewusst ist, wie sie nach außen wirken und sie dafür sorgen, wie sie wahrgenommen werden, z. B.: „Ich will einen entspannten, freundlichen, wertschätzenden Kontakt mit dem Kind herstellen."[36] Kinder sind sehr offen für die Stimmung zwischen ihnen und anderen Menschen, sie suchen die Resonanz, ein gemeinsames Schwingen. Je jünger Kinder sind, desto sensibler sind sie für Zwischentöne und Unklarheiten. Ihre Wahrnehmung ist noch direkt und kaum verstellt durch Vorschriften und Konventionen.

Alles, was ein Kind erlebt, ist vom Anfang an mit Gefühlen verbunden. Gefühlsfreie Erfahrungen gibt es nicht. Dieses Gefühlserleben wird ununterbrochen im limbischen System festgehalten und gebündelt – in einem Bereich des Gehirns, der dem Bewusstsein nicht zugänglich ist. Wenn eine bestimmte Erfahrung sich wiederholt, wird von dort die Vorerfahrung abgerufen. Aus der Gesamtheit aller Antworten, die ein Kind auf seine Lebensäußerungen erhält, formt sich sein Selbstbild. Das ist mit dem entsprechenden Gefühlserleben verbunden. In den ersten Lebensjahren verfügt das limbische System noch über große Plastiziät, es kann sich stark verändern. Etwa zum Ende der KiTa-Zeit weist es eine geprägte Struktur auf, die es im Wesentlichen behält. Diese Stabilität hat den Nachteil, dass es sehr schwer, in einigen Aspekten sogar unmöglich ist, nachträglich das Selbstbild, mag es noch so verzerrt oder unbrauchbar sein, zu verändern.

Dieses Selbstbild könnte bei dem einen Kind etwa folgendermaßen formuliert sein: „Ich bin ein frohes, temperamentvolles Kind und die Menschen in meinem Umfeld mögen mich. Ich bin okay." Dieses Kind erfährt: So wie es ist, wird es weitestgehend gesehen, angenommen und bestätigt. Es hat einen sicheren Platz in seiner Familie, seinem Umfeld, seiner Kindergruppe. D. h., seine wesentlichen und für die Entwicklung grundlegenden Bedürfnisse nach Autonomie und Zugehörigkeit sind erfüllt.

Für ein anderes Kind kann sich dieses Selbstbild vollkommen anders darstellen: „Wenn ich Kontakt suche, drehen sich die Erwachsenen weg. Wenn ich nach etwas greife, höre ich ein Nein. Ich bin ein gieriges, unbeherrschtes, störendes Kind. Irgendwas scheint mit mir nicht zu stimmen." Dieses Kind fühlt sich in seinem Streben nach Selbstwirksamkeit und Kontakt verunsichert. Es vermisst Orientierung, wie es sich verhalten kann, um Respekt in der Gemeinschaft zu erfahren.

---

36 Mehr dazu in Kapitel 2, und dort speziell die Übung: „Wie bin ich da?" (Seite 62).

Gefühle

Gefühle sind körperliche Bewertungen von Situationen. Wir nehmen etwas wahr, bewerten die Erfahrung auf Grundlage unserer Bedürfnisse und haben entsprechend körperlich Empfindungen. Gefühle zeichnen sich durch ihr Fließen und ihren ständigen Wechsel aus. Gerade waren wir traurig. Etwas anderes geschieht und wir sind froh. Gefühle sind wie ein Kompass. Sie zeigen an, ob unsere Bedürfnisse eher erfüllt oder unterfüllt sind. Sie lassen uns im Moment lebendig sein. Hingegen sind unerlöste, alte Gefühle fest und andauend und werden Emotionen genannt.

In der GFK unterscheidet man auch echte Gefühle von Pseudogefühlen bzw. intellektuellen Gefühlen. Hier verschleiern Schuldgedanken das wahre Erleben.

Ein Pseudogefühl kommt in dieser Aussage zum Ausdruck „Ich fühle mich von dir zurückgewiesen." Dieses Pseudogefühl ist pantomimisch nicht darstellbar. Vielmehr zeigt es sich, dass das eine Interpretation ist. Körperlich wahrnehmbar hingegen ist eine Traurigkeit oder ein Erstarren, wenn jemand z. B. bei der Begrüßung die entgegengestreckte Hand abweist.

4.3 Frühe Erfahrungen sind prägend: Zwischen Autonomie und Zugehörigkeit

Jeder Mensch will als der gesehen werden, der er ist. Er will über sich selbst bestimmen, seinen Gefühlen trauen, seine Bedürfnisse weitgehend leben und Selbstwirksamkeit erfahren. All das fließt in das Bedürfnis nach Autonomie ein.

Gleichzeitig will jeder Mensch seinen Platz in der Gemeinschaft finden. Er will sich auf andere beziehen können, am Leben einer Gruppe teilhaben und sich darin als kompetent erfahren. Er will gefragt werden und doch nicht immer etwas sagen müssen. Das gehört zum Bedürfnis nach Zugehörigkeit.

Diese Bedürfnisse begleiten auch Kinder, wenn sie in eine Kindertagesstätte kommen. Zwischen diesen beiden Polen: „Ich bin geschätzt, wie ich bin" und „Ich bin ein wichtiger Teil dieser Gemeinschaft" vollzieht sich ihre Entwicklung. Um gut lernen und explorieren zu können, brauchen Kinder beide Seiten.

In die Kindertagesstätte bringen sie ihre frühen Erfahrungen aus der Familie mit. Durch ihre Stimmungen und ihr Verhalten zeigen sie, was sie über sich und ihre Rolle im Leben bereits gelernt haben. Gleichzeitig wünschen sie sich auch Resonanz von den pädagogischen Fachkräften und den anderen Kindern und wollen gespiegelt werden: „Ich schätze dich! So wie du bist, bist du einzigartig und gehörst zur Gruppe dazu. Du bist frei und sicher zugleich." Dieses Bild formt sich in einem Kind, wenn es auf seine Impulse eine feinfühlige, angemessene und prompte Reaktion erhält. Es kann sich als handelnd und wirksam begreifen und offen und entspannt auf neue Situationen und Menschen zugehen und lernen. Frühpädagog*innen sprechen in dem Zusammenhang von sensitiver Responsivität (vgl. Remsperger 2013, Gutknecht 2019).

Der Alltag ist aber nicht immer in dieser Weise bejahend. Wie viele Situationen gibt es – natürlich auch in der Familie –, in denen Kinder in ihrer inneren Welt nicht gesehen und begleitet werden und sie aus ihrer inneren Gewissheit, okay zu sein, herausfallen. Plötzlich stimmt die Welt nicht mehr. Sie handeln so, wie sie es vermögen, doch statt einer prompten, angemessen und feinfühligen Reaktion kommt gar keine oder nicht die erwartete Antwort oder es kommt gar eine Zurückweisung. Das ist mit einem riesigen körperlichen und emotionalen Schmerz und Stress verbunden.

Für kleine Kinder ist das Band zu ihren Bezugspersonen existenziell. Wie zu Hause müssen auch in der Kindertagesstätte zuerst ihre Bedürfnisse nach Zuwendung, Sicherheit und Stressreduktion erfüllt sein, ehe es um das Spiel und die nötige Unterstützung im Alltag gehen kann (vgl. Ahnert 2010). Intuitiv „wissen" die Kinder, dass sie ohne die Erwachsenen nicht überleben können. Dafür sorgen unbewusst ablaufende neurobiologische Programme, die zu Beginn der Menschheitsgeschichte für das Überleben der Spezies in einer gefährlichen Umwelt sorgten. Derart bedrohlich ist unsere Umwelt nicht mehr. Dennoch ist unser Stammhirn wie bei unseren Vorfahren sofort alarmiert und bereit, der Gefahr zu widerstehen und entsprechend zu kämpfen, zu fliehen oder zu erstarren.

In ähnlicher Weise reagieren Kinder (und übrigens auch Erwachsene), wenn sie auf ihre Zeichen nicht die gewünschte Reaktion erhalten. Gleichzeitig sind Kinder derartig von ihren Bezugspersonen abhängig, dass sie die Antwort als eine Wahrheit auf sich beziehen und in ihr Selbstbild aufnehmen. Wiederholen sich die Erfahrungen, formen sich innere Bilder, die zu Glaubenssätzen und damit zu unbewussten inneren Handlungsmotiven werden, etwa: „Wenn ich still und brav bin, werden mich die Erwachsenen lieb haben." Oder: „Ich werde nie genug kriegen in dieser Welt. Ich muss kämpfen und zeigen, dass ich da bin!" Mit diesen Glaubenssätzen versuchen sie die Verbindung zu jenen Menschen zu halten, die ihnen wichtig sind. „Von da an geht es nicht mehr darum, herauszufinden, was seine Bedürfnisse sind", so beschreibt Marshall Rosenberg diese Wandlung in der inneren Haltung eines Kindes, „sondern wie es beurteilt wird. Der Verstand des Menschen wird so geformt, dass er die ganze Zeit darüber nachdenkt, was andere Menschen über ihn denken, wie sie sein Verhalten beurteilen" (Rosenberg 2004a, S. 201). Das passiert vor allem dann, wenn es in der Beziehung zwischen Kind und Erwachsenen schwierig wird. Einige Kinder unterwerfen sich und verzichten auf ihre Individualität. Die anderen jedoch rebellieren bzw. entziehen sich und geben den sicheren Platz in der Gemeinschaft auf. Sie passen sich an, so wie sie die Situation verstehen. Im Lauf ihrer Sozialisation verstricken sie sich immer tiefer in trennende, destruktive Muster, die schließlich quasi automatisch ablaufen. Die Kinder verbergen den eigenen Wesenskern und unterbrechen den Kontakt zu den unerfüllten Bedürfnissen.

4.4 Zwischen Rebellion und Unterwerfung: Die vier Richtungen auf dem Bedürfniskompass

Auf der Grundlage psychologischer Erkenntnisse entwickelten die GFK-Trainerinnen Liv Larsson (2012) und Arnina Kashtan jeweils eigene Modelle eines „Bedürfniskompasses“. Pädagogische Fachkräfte werden hier Parallelen zur Bindungstheorie entdecken, wie sie der britische Psychoanalytiker John Bowlby und seine Kollegin Mary Ainsworth entwickelten. Bowlby und Ainsworth beschrieben, welche Art von Beziehungen Kinder in ihren ersten Lebensmonaten zu einem vertrauten Menschen aufbauen. Das ist meist die Mutter, und wie sie (oder eine andere wichtige Bezugsperson) sich dem Kind gegenüber verhält, hat wesentlichen Einfluss auf den Bindungsstil des Kindes[37]. Diese frühe Bindung formt ein unsichtbares und doch prägendes Gefühlsband, das im weiteren Leben weitestgehend die Qualität des Lernens und des Verhaltens bestimmt.

Zu feinfühlig handelnden pädagogischen Fachkräften gehen Kinder in der Kindertagesstätte eine bindungsähnliche Beziehung ein. Kinder, bei denen das jedoch nicht gelingt, haben häufig überhaupt keine Beziehung zu einer für sie wichtigen Person, was dramatisch für sie ist.

In der StimtS-Studie aus dem Jahr 2018 wurde für die beteiligten Kinder aus Berliner Kindertagesstätten auch das Bindungsverhalten an die betreuende Fachkraft eingeschätzt. Danach war die Mehrzahl der Kinder an mindestens eine ihrer Bezugspersonen in der Kindertagesstätte sicher gebunden. Bei einem guten Drittel der Kinder wurde gleichwohl eine unsichere Bindungsqualität festgestellt. Bei 13,5 Prozent der Kinder geht die Studie von einem grenzwertigen Beziehungsverhalten aus. Diese Kinder bedürfen besonderer Aufmerksamkeit und aktiver Beziehungsarbeit, um in der Einrichtung neue, bestätigende Beziehungserfahrungen machen zu können (vgl. Dreyer at al. 2018, S. 46).

37 Ich lege hier den Fokus auf das Verhalten der Kinder und welche Bedürfnisse sich daraus ablesen lassen. Ich verweise auf eine kurze Einführung in die Bindungstheorie (Kirschke & Hörmann 2014), eine Übertragung auf die Fachkraft-Kind-Beziehung (Hörmann 2014) und auf den Fachtext von Schleiffer (2016). Im letztgenannten Fachtext werden pädagogische Interventionen je nach Bindungstyp benannt, die teilweise Eingang in meinen Text gefunden haben.

Das Modell des Bedürfniskompasses knüpft an diese Einsichten an. Es fragt nach den Bedürfnissen, die durch eine bestimmte Wahl und Reaktionsweise befriedigt werden, und nach denen, die unbefriedigt bleiben. Dabei nutzt das Modell in seiner Betrachtungsweise wichtige Relationen für das Leben eines Menschen, eben die Beziehung zwischen Autonomie und Zugehörigkeit sowie die Art und Weise, wie ein Mensch Einfluss auf die Gesellschaft hat. Hilfreich bei der konkreten Betrachtung sind folgende Fragen:

- Was tut ein Mensch, um mit Situationen des Unbehagens, des Nicht-Gesehen-Werdens umzugehen?
- Welches Bedürfnis erfüllt sich ein Mensch mit diesem Verhalten?
- Kann er einen anderen als den bisher üblichen Weg finden, um zu Verbindung und Fülle zurückzukommen, und entsprechend neue Verhaltensweisen erproben?

Abbildung 6: Der Bedürfniskompass

Nach dem Bedürfniskompass gibt es vier Richtungen, in denen Menschen – also auch Kinder – den Kontakt zu sich selbst verlieren können (vgl. Larsson 2012, S. 123 ff.). Auf einer Achse sind das „Unterwerfung und „Revolte“, auf der anderen Achse „meine Schuld“ und „deine Schuld“.

Die beiden ersten Richtungen „Unterwerfung“ und „Revolte“ liegen auf der Kompassachse, auf der die Frage gestellt wird: Wer hat die Macht?

- Menschen, die in Richtung Unterwerfung unterwegs sind, meinen, dass sie sowieso nichts ändern können, und geben auf. Ihre Gedanken kreisen um Überlegungen wie: „Ich muss es richtig machen. Es ist so schwierig herauszufinden, wie es geht.“
- Diejenigen, die in die Gegenrichtung Revolte gehen, wollen sich behaupten und bestehen darauf, zu machen, was sie wollen. Sie gehen auf andere Menschen mit Gedanken zu wie: „Ich bin so toll! Das werdet ihr schon noch merken.“ Oder: „Ich mache, was ich will.“

Hier geht es um Einfluss und Gestaltungsmöglichkeiten, um Wahlfreiheit und Verantwortung.

Die beiden anderen Richtungen sind „meine Schuld“ und „deine Schuld“. Auf dieser Kompassachse geht es also um die Frage: Wer ist schuld?

- Wer in die Selbstbeschuldigungsrichtung geht, hat Glaubenssätze wie: „Ich bin nicht gut genug für diese Welt. Ich kann machen, was ich will. Ich kriege es nicht hin.“
- Wer in die Gegenrichtung unterwegs ist, glaubt, die anderen sind schuld. Andere Menschen werden auch für die eigenen Gefühle verantwortlich gemacht und beschimpft: „Das liegt nur an dir! Immer musst du alles zerstören, an dich reißen etc.“

Es geht hier also darum, wer recht hat und wie jemand gesehen und eingeschätzt wird.

Jede dieser vier Reaktionsweisen hat eine innere Logik, um das eigene Selbstbild zu wahren und zu schützen und den Schmerz früher belastender Gefühle abzuwehren. Kinder nehmen diese Verhaltensweise in ihrem Umfeld war. Während sie die Welt für sich erkunden, probieren sie diese Reaktionsweise aus und werden langsam mit ihnen vertraut. Sie werden zu etwas, worauf sie sich verlassen können. Etwas, das ihnen eine Form von Sicherheit gibt.

Lassen Sie uns im Folgenden diese vier Verhaltensweisen nach dem Bedürfniskompass anhand von Beispielen aus dem KiTa-Alltag anschauen. Die Kinder handeln nicht idealtypisch nach dem Modell. Dazu schrieb der Frühpädagoge Gerd E. Schäfer (2018, S. 9): „Es zeigt sich in jeder Situation als ein – mehr oder weniger großes – Rätsel, dass man zu lösen hat.“ Um es zu entschlüsseln, brauche es Neugier und

Interesse: „Welche Verhaltensweisen erleben pädagogische Fachkräfte in Kindertagesstätten und was könnte der tiefere Grund dafür sein?“ Auch hier sind Einfühlung und Verstehen wichtiger als schnelle Lösungen, denn nur auf dieser Basis können Ideen für eine unterstützende Begleitung der Kinder entwickelt werden.

Schauen wir zuerst die beiden Varianten mit der Frage nach der Macht an.

Geschichte 7: „Lieber ziehe ich mich zurück, als zu zeigen, wie ich mich fühle“

Andreas, ein Erzieher, berichtet von einem vierjährigen Mädchen, das ihn angespuckt und gehauen hat. Was ist passiert? Der Erzieher erzählt:

Laura hatte an diesem Tag einige Kinder aufgefordert, mit ihr „Fange“ auf der Rutsche zu spielen. Aber niemand wollte mitmachen, weder ihre beiden Freundinnen noch sonst ein Kind. Laura war sauer und frustriert und wusste anscheinend nicht, wohin mit ihrer Energie. Plötzlich war sie auf dem Klettergerüst, viel höher, als sie sich sonst traute. Sie rutschte ab, fiel und konnte sich nur mit Mühe an einer Stange halten, um nicht runterzuplumpsen. Als der Erzieher sie trösten wollte, wurde Laura ärgerlich und schrie laut „Nein!“, spuckte und haute.

Mit etwas Abstand wird Andreas bei der gemeinsamen Reflexion im Seminar deutlich: Laura will gern Anführerin sein und ist enttäuscht, wenn man sie nicht lässt. Sie ist ein aufgewecktes, kluges Mädchen, sprachgewandt. Sie will unbedingt, dass man sieht, wie kompetent sie ist. Verliert sie in einem Spiel, bricht für sie eine Welt zusammen. Hilfe nimmt sie ungern an. Dafür müsste sie eine Schwäche zugeben, und das fällt ihr schwer. Es ist für sie, als hätte sie dann keine Existenzberechtigung. Sie muss alles im Griff haben. Zu Hause hat sie eine jüngere Schwester. Deshalb erwarten die Eltern von ihr, dass sie sich zurücknimmt. Sie kommt gern in die Kindertagesstätte und die Eltern berichten, dass sie zu Hause selten länger bei einer Sache bleibt. Auch in der Kindertagesstätte wirkt sie meist unruhig, ist leicht ablenkbar, selten in ihr Spiel vertieft.

Gemeinsam mit den Kolleg*innen tragen wir zusammen, welche Gefühle und Bedürfnisse wir bei dem Kind vermuten. Andreas wird jetzt bewusst, wie unsicher und traurig Laura trotz der nach außen getragenen Stärke vermutlich ist. Gemeinsam überlegen wir, welche Bedürfnisse Laura haben könnte. Vermutlich will sie wissen, wo sie wichtig ist. Wo kann sie zu etwas beitragen? Es scheint, als habe sie ihren sicheren Platz noch nicht gefunden, weder zu Hause noch in der Kindertagesstätte. Wenn sie den entdeckt, wird sie entspannter werden und lernen, sich selbst zu spüren. Dann kann sich ihr Selbstbewusstsein von innen nähren.

Lauras Verhalten ist typisch für jene Menschen, die sich entziehen[38]. Sie wirken stabil und sind gleichzeitig innerlich unter Druck. Sie sind bei der Sache und wollen alles im Griff haben. Zu ihren Gefühlen finden sie wenig Zugang und in Stresssituationen bitten sie nicht um Hilfe und machen die Dinge lieber mit sich alleine ab.

Bei Kindern, die wie Laura ausweichend reagieren, müssen pädagogische Fachkräfte viel Frust aushalten können. Sie werden häufig vor den Kopf gestoßen, abgewiesen und abgewertet. Diese Kinder betonen ihre Autonomie, nach dem Motto: „Ich bin mir nicht sicher, ob ich mich auf dich verlassen kann. Also baue ich lieber nur auf meine eigene Kraft, statt von dir abhängig zu sein." Als pädagogische Fachkraft wird das gar nicht so leicht für Sie sein, ein solches Verhalten nicht persönlich zu nehmen und stattdessen feinfühlig Kontakt aufzunehmen. Doch genau darauf kommt es an. „Ist das heute alles ein bisschen viel für dich?", hätte der Andreas die Vierjährige fragen können. Gleichzeitig stärkt es das Selbstgefühl dieser Kinder, wenn ihre Erfolge ehrlich gewürdigt werden. „Ich habe gesehen, wie hoch du geklettert bist. Was du dich traust! Ich staune über deinen Mut." Keinesfalls dürfen sie (wie übrigens alle Kinder) ausgelacht werden, wenn etwas schiefgeht. Das beschädigt ihre Integrität! Vielmehr sollten Kinder wie Laura ermutigt werden, um Hilfe zu bitten, statt sich zu überfordern. Sie brauchen eine Bestätigung, wie wertvoll sie mit ihren Kompetenzen für die Gruppe sind.

Im gewissen Sinne beweist Laura Führungsqualitäten. Es lohnt sich, diese im Morgenkreis, bei Kinderkonferenzen oder Aufführungen zu nutzen. So kann sie einbezogen werden und etwas beitragen. Zugleicht lernt sie, durch welches Verhalten man in der Gruppe akzeptiert wird, Freunde findet und durch welches eher nicht.

Kommen wir zur zweiten Varianten auf der Macht-Achse des Bedürfniskompasses.

Geschichte 8: „Das ist mir doch egal!"

Die Erzieherin Viola ist verzweifelt. Ein Dreijähriger bringt sie an ihre Grenze. Sie geht inzwischen jede Wette ein: Sobald das Frühstück vorbei ist und die Kinder zum Spielen gehen, wird Max wieder einige Kinder wild hauen und anderen wegnehmen, womit sie gerade spielen, Rennauto, Schippe … „Der ist mit Vorsicht zu genießen", sagt die Erzieherin aufgebracht im Seminar. „Er fühlt sich überlegen!" Bevor er handle, überprüfe der Kleine, ob sie sieht, was er tut. Sucht sie seinen Blick, schaut er weg. Ihre Versuche, ihm deutlich zu machen, dass er den anderen wehtut, und ihre

38 Fachkräfte, für die dieses Verhalten typisch ist, neigen übrigens dazu, krank zu werden, statt Konflikte anzusprechen. Sie setzen sich mitunter auch durch Kopfschmerzen selbst außer Gefecht.

Ermahnungen, mit dem Hauen aufzuhören, laufen ins Leere. Stattdessen kann es passieren, dass der Junge sich selbst an den Haaren zieht.

Im Seminar fragen wir Viola, was sie noch über Max weiß. Mit seinen drei Jahren zählt er schon bis zehn und rechnet. Er kennt Pflanzen und Tiere und erzählt den anderen davon. Was auch wichtig ist: Seine Eltern leben in Trennung. Jeden Tag wird er von jemand anderem abgeholt, mal von der Mutter, mal vom Vater und manchmal auch von einer anderen Person.

Durch das Sammeln von Beobachtungen, Gefühlen und Bedürfnissen formt sich ein Bild davon, was dem Jungen wichtig sein könnte und was er in der Kindertagesstätte zeigt: Er braucht mehr Halt. Er ist nicht nur kraftvoll und stark, wenn er andere attackiert. Er ist auch hilflos und überfordert mit der Situation. „Vermutlich sucht er einen Weg, gesehen zu werden, und jemanden, der ihn an die Hand nimmt", erkennt Viola. Mit seinen drei Jahren wird er von Gefühlen überwältigt und spürt sich selbst überhaupt nicht. Nicht der Junge ist schwierig. Die Umstände, unter denen er lebt, sind es!

Max ist ein Beispiel für ein Kind, das auf der Machtachse in Richtung Rebellion[39] ausweicht: „Ich mache, was ich will!" ist seine Losung. Kinder wie er fühlen sich überlegen, sind stolz auf ihr Handeln und pfeifen auf die Gemeinschaft. Das ist eine Reaktion auf die vielen unverdauten Gefühle, die sie überwältigen. „Auffallen um jeden Preis", lautet ihre Devise. Sie vermissen es, aufgefangen zu werden. Deshalb fehlt ihnen die Basis für ein gemeinschaftliches Miteinander. Sie sind verunsichert, eigenwillig, widersprüchlich, Stimmungsschwankungen unterworfen und schaffen es nicht gut, bei einer Sache zu bleiben. Dafür sind sie innerlich zu unruhig. Letztlich tun sie alles, um eine Beziehung zu vermeiden, die sie so sehr ersehnen.

So herausfordernd Kinder wie Max für pädagogische Fachkräfte sind: Sie sind dringend auf eine verlässliche, stabile Bezugsperson angewiesen. Sie brauchen jemanden, der freundliche mit ihnen ist, selbst wenn das noch so schwerfallen mag. Sie brauchen eine ehrliche Wertschätzung für ihre Leistungen für die Gemeinschaft und eine Spiegelung ihrer Situation: „Du hast es gerade nicht so einfach." Gleichzeitig müssen sie die Grenze spüren und merken, was nicht akzeptabel ist: „In unserer Gruppe gelten diese Regeln. Für alle."

Bei einem Kind wie Max lohnt es sich, an die Kompetenzen anzuknüpfen, mit denen er die Gruppe bereichern kann. Darauf sollte die Aufmerksamkeit liegen. Blicke und Gesten können unterstreichen, dass der Junge mit diesen Kompetenzen in der Tat geschätzt wird. Das wird ihn entspannen. Grenzüberschreitungen können dann eher beiläufig markiert werden. Dafür können klare, ruhig und freundlich geäußer-

39 Zu den Rebellen unter den Fachkräften siehe Kapitel 2, Seite 38.

te Bitten genutzt werden (siehe Seite 134 ff.) „Bitte lege die Bauklötzer hin. Ich habe Angst, du könntest dich und andere Kinder verletzen."

Durch Rebellion oder Sich-Entziehen kämpfen aggressive Kinder oft auch um ihre Gestaltungsmacht. Weil sie damit meist für negative Aufmerksamkeit sorgen, fällt es häufig schwer zu erkennen, wie verzweifelt sie sind. Durch ihr Verhalten wehren sie die vielen schmerzhaften Erfahrungen ab, die sie in sich tragen. „Aggression", so schreibt der Mediziner und Psychotherapeut Joachim Bauer, „kommt immer dann ins Spiel, wenn Bindungen bedroht sind, wenn sie nicht gelingen oder fehlen" (2006a, S. 73). Und Aggression, so Bauer weiter, stünde immer „im Dienst des Strebens nach Anerkennung, Beziehung, Kooperation und sozialer Zugehörigkeit" (2006a, S. 83). In der Regel haben diese Kinder nicht ausreichend die Erfahrung gemacht, dass jemand ihre Gefühle begleitet und für sie da ist. Das führt dazu, dass sie alleine überwältigt sind und nicht wissen, wie sie Emotionen von Wut, Trauer oder Angst regulieren können. Außerdem haben sie nicht hinreichend gelernt, wie sie in einer positiven Weise mit anderen Menschen in Kontakt treten können.

Deshalb sollte gerade bei diesen Kindern nach ihren Ressourcen geschaut werden. Auch aggressive Kinder können mehr als schlagen, und diese Stärken müssen betont und gewürdigt werden. Hilfreich kann z. B. eine paradoxe Intervention mitten im Wutanfall sein. Dabei steigen die pädagogischen Fachkräfte nicht auf die Aggression des Kindes ein. Vielmehr unterhalten sie sich darüber, wie dieses Kind in einer anderen Situation ein gewünschtes Verhalten gezeigt hat: „Hast du gesehen, dass Philipp heute Morgen allein den Tisch abgewischt hat?" „Ja, und später hat er den größten Turm gebaut, den ich je gesehen habe." Endlich fällt der Name des Kindes in einem ressourcenorientieren Kontext! Das wird seine Identität in einem positiven Sinne stärken und zu seiner Entspannung beitragen.

Das waren die beiden Kompassrichtungen zum Thema Macht. Kommen wir nun zur Frage nach der Schuld, und hier zur Beschuldigung anderer.

„Die anderen sind es gewesen!"

Erinnern wir uns an Felix, den Jungen, der sofort zur Erzieherin lief und andere beschuldigte (Seite 101 ff.): „Die haben uns gehauen und lassen uns nicht mitspielen." Indem man benennt, was andere angeblich falsch gemacht haben, schützt man sich vor der Auseinandersetzung mit dem eigenen Verhalten. So kam auch Felix nicht von allein darauf, dass er einen Anteil am Ärger der anderen Jungen hatte. Das ist ein typisches Verhalten von Menschen, die andere beschuldigen: Sie wehren ihre (Mit-) Verantwortung ab und reden stattdessen über andere, derentwegen sie sich jetzt angeblich so fühlen, wie sie sich fühlen, und die der Grund dafür sind, dass sie handeln mussten, wie sie handelten. Aus ihren Beschuldigungen ziehen sie Kraft, sie fühlen sich stark und verschaffen sich so manchmal auch Respekt.

Kinder, die handeln wie Felix, brauchen Empathie für das, was ihnen wichtig ist. Um bei Felix zu bleiben: Er fühlte sich vom Spiel der großen Jungen inspiriert, wollte dazugehören und mitspielen. In der Mediation gelang es der Erzieherin, diesen Bedürfnissen Raum zu geben. Felix kam in Kontakt mit dem, was ihm wichtig ist. Er fühlte sich gesehen, und so fanden er und die anderen Kinder gemeinsam Wege zu einem gegenseitigen Verständnis.

Es gibt jedoch nicht nur Kinder, die andere beschuldigen. Einige Kinder beschuldigen auch sich selbst.

„Es kann nur an mir liegen"

Kinder, die sich selbst nicht liebevoll betrachten, laufen im KiTa-Alltag häufig einfach mit. Oft kommt von ihnen: „Ich kann das nicht. Du musst das machen." Das nervt zwar, wirkt aber, verglichen mit aggressiven, verhaltensauffälligen Kindern, eher „pflegeleicht". Aber auch diese Kinder schreien nicht nach außen, sondern nach innen und brauchen dringend Zuwendung. Sie verlieren das Zutrauen in ihre Kraft und ihren Einfluss und können deshalb nicht entspannt spielen und lernen. Diese Kinder weichen nicht nur aus. Sie werten sich auch selbst ab. Sie sagen von sich selbst, sie können etwas nicht und seien dumm, in der Hoffnung, liebevoll und freundlich behandelt zu werden. Gehen die Erwachsenen auf solche Bemerkungen tröstend ein, nehmen sie die Antwort als Bestätigung, dass sie tatsächlich unfähig oder dumm sind. Dabei bohrt sich ein Gedanke in die Kinderseele ein: „Es kann nur an mir liegen." Immer weniger trauen sie den eigenen Impulsen und hören auf zu fragen und Dinge auszuprobieren. Wenn der Schmerz zu groß wird, kann die Situation umkippen. Dann werden diese oft eher ruhigen Kinder (meist im Jugendalter) plötzlich laut und aggressiv oder wählen Ersatzhandlungen. Letztlich schreien sie nach einem geachteten Platz in der Gemeinschaft.

Diese Kinder brauchen nicht als Erstes Empathie, sondern Ehrlichkeit und eine Perspektive. Verständnisvolle Zuwendung – „Erzähl mal. Was ist los?" – tut ihnen sicher gut. Aber sie brauchen auch ein Stopp für ihr Selbstmitleid. Hier sind pädagogische Fachkräfte gefragt, mit dem Kind eine Handlungsalternative zu entwickeln. „Was können wir tun, obwohl du dich fühlst, wie du dich fühlst? Meinst du, wir könnten zusammen mit deinen Legofiguren eine Stadt bauen?" Diese Kinder müssen verstehen: Was ihnen gerade so groß erscheint, ist nur ein kleines Puzzleteil des Ganzen. Auch für sie gibt es Situationen, in denen sie unterstützt werden, Spaß haben und sich als kompetent erleben. Sie müssen lernen, das Glas als halb voll zu sehen, um ihre destruktive Selbstverurteilung zu durchbrechen.

Es gibt natürlich nicht nur Kinder, die eine der vier Richtungen auf dem Bedürfniskompass einschlagen, es gibt auch solche, die mehr oder minder in der Mitte verweilen. Das sind jene, die ihren Erzieher*innen kraftvoll und bestimmt ihre Bedürfnisse zeigen und mit ihnen verhandeln, ohne sich beirren zu lassen. Zugleich sind sie sehr zugänglich, offen und bereit, auf andere einzugehen. Sie sind ausreichend genährt und wissen, dass ihre Bedürfnisse auf keinen Fall übersehen werden. Diese Kinder bauen auf eine sichere Basis. Sie haben genug Selbstvertrauen getankt. Sie trauen sich etwas zu und ihnen wird etwas zugetraut.

„Starke und kluge" Erwachsene sind gefragt

Doch zurück zu jenen angeblich „schwierigen Kindern". Egal, welche Richtung auf dem Bedürfniskompass sie mit ihrem Verhalten einschlagen: Mit ihren herausfordernden und nervenden Verhaltensweisen bleiben sie im Spektrum der ihnen bekannten Reaktionsweisen. Immer wieder aufs Neue wählen sie einen ihnen bekannten Weg, in der Hoffnung, wahrgenommen zu werden.

Genau darin liegt für Sie als pädagogische Fachkräfte bei der Entwicklungsbegleitung in der Kindertagesstätte auch eine riesige Chance. Dabei sind Sie dazu aufgefordert, auf die angeblich „Provokation" nicht einzugehen, vielmehr sollten Sie verstehen, in welchem Dilemma ein Kind sich befindet. Dann können Sie ihm helfen, sich emotional zu regulieren und wieder eine Balance zwischen Autonomie und Zugehörigkeit herzustellen. Das Bindungssystem des Kindes kann sich beruhigen, es wird sich entspannen und aus einer stärkeren inneren Motivation heraus spielen und lernen. Und vielleicht ist es dann bereit für eine neue Erfahrung: „Ich kann zur Gruppe dazugehören und darf zugleich ich selbst sein."

Kinder in diesem Sinne zu begleiten ist eine riesige Herausforderung für Sie als pädagogische Fachkräfte. Ihre gesamte professionelle Kompetenz ist dafür gefordert, und mir fallen etliche Kolleg*innen ein, die genau deshalb diesen Beruf wählten und lieben. Dabei ist es immens wichtig, sich auf die Unterstützung des Teams verlassen zu können. Außerdem empfiehlt es sich, möglichst regelmäßig Fallberatungen durchzuführen, bei denen Sie mit mehreren Fachkräften Ihre Beobachtungen von einem Kind zusammentragen und so das Bild dieses Kindes erweitern. Vor allem aber brauchen Sie als Fachkräfte ein großes Vertrauen in sich selbst. Dann werden Sie sich „stronger and wiser" (Bowlby 1982, S. 59) im Umgang mit Kindern wie Laura, Max und Felix verhalten. Wie John Bowlby es sich wünschte, werden Sie „stärker und klüger" sein.

Für mich ist deshalb Selbstempathie eine entscheidende Voraussetzung für eine gute Bildungs-, Erziehungs- und Betreuungsarbeit in der KiTa. Nur wenn pädagogische Fachkräfte sich selbst mehr oder minder ein „Ich bin okay" geben, werden sie die „Ausschläge" der Kinder in diese oder jene Richtung auf dem Bedürfniskompass adäquat begleiten können. Sie verstehen die Handlungen als Ausdruck unerfüllter (Bindungs- und Beziehungs-)Bedürfnisse, nehmen diese wahr und markieren gleichzeitig dort sensibel Grenzen, wo es geboten ist. „Ich kann mir vorstellen, dass du sauer bist ... Und ich möchte, dass wir freundlich miteinander umgehen." Bitten helfen ihnen, konkret die Richtung vorzugeben, in die sie die Beziehung lenken möchten (siehe auch Abschnitt 4.8, S. 128).

Vermutlich wünschen sich Kinder, auch von ihren Eltern derart begleitet zu werden. Was ihre Handlungsmöglichkeiten betrifft, so gibt es erhebliche Unterschiede zwischen Eltern und pädagogischen Fachkräften. Letztere sind in der Regel nicht nur für ein Kind verantwortlich, sondern für eine Kindergruppe, in der sie (neben der Erfüllung des Bildungs- und Erziehungsauftragens) auch für Schutz und Fürsorge Sorge tragen. Meiner Meinung nach bietet gerade die Gruppe pädagogischen Fachkräften eine eher unterschätzte Ressource in der Beziehungsgestaltung mit den Kindern. Wenn Erzieher*innen empathisches Verhalten in der Gruppe zeigen, werden auch einzelne Kinder unterstützt, in die Beziehung zu ihrer Bezugsperson zu vertrauen.

> Die Bindungsforscherin Liselotte Ahnert fand in ihren Untersuchungen heraus, dass Erzieher*innen-Kind-Bindungen von sicherer Qualität dann entstehen, wenn „die Gruppenatmosphäre durch ein empathisches Erzieherverhalten bestimmt wird, das – im Kontrast zu einem kindzentrierten sensitiven Verhalten der Eltern – gruppenbezogen ausgerichtet ist und die wichtigsten sozialen Bedürfnisse eines Kindes unter Gruppenbetreuung zum richtigen Zeitpunkt bedient" werden (Ahnert 2010, S. 268).

4.5 Die Gruppe als Helfer – Beteiligung von Anfang an

In Gesprächen mit pädagogischen Fachkräften erlebe ich häufig, dass sie es als ihre alleinige Aufgabe verstehen, auf ein Verhalten eines einzelnen Kindes oder auf die Situation in der Kindergruppe zu reagieren. So greifen sie bei Störungen wieder und wieder ein, ermahnen Einzelne und üben mit ihnen prosoziale Verhaltensweisen. Später, wenn sie feststellen, dass ihre Intervention nur kurz oder gar nicht fruchtet, sind sie müde und erschöpft. Sie glauben, keine andere Wahl zu haben, als die Kinder zu disziplinieren, und erleben sich als getrennt von der Gemeinschaft mit den Kindern. Das muss anstrengend sein.

Als pädagogische Fachkräfte in Kindertageseinrichtungen begleiten Sie Kinder in ihrem Heranwachsen in einer Gruppe. Es geht nicht nur um das einzelne Kind und seine Entwicklung, sondern ebenso um das Zusammenleben in der Gemeinschaft. Durch die Art und Weise des Miteinanders im Alltag lernen Kinder in der KiTa, was ein verantwortungsvolles Leben in der demokratischen Gesellschaft ausmacht. Das ist der Auftrag, den das Kinder- und Jugendhilfegesetz den pädagogischen Fachkräften erteilt: „… die Entwicklung des Kindes zu einer eigenverantwortlichen und gemeinschaftsfähigen Persönlichkeit (zu) fördern".[40] Hier also liegt Ihre Verantwortung. Das heißt aber nicht, dass Sie alles allein klären und regeln müssen.

Wenn Kinder sich in einer Weise verhalten, die nicht angemessen ist oder die zu Störungen im Alltag führt, sind davon Erwachsene *und* Kinder betroffen. Deshalb sollten, wenn es um die Art und Weise des Zusammenlebens und die Alltagsgestaltung in Kindertagesstätten geht, die Kinder unbedingt einbezogen werden. Das entspricht auch der UN-Kinderrechtskonvention, wonach Kinder in allen sie berührenden Angelegenheiten – ihrem Alter und Entwicklungsstand entsprechend – zu hören und zu beteiligen sind. Es geht darum, Partizipation zu leben. Und nur so, davon bin ich überzeugt, kann man auch Kindern mit „schwierigem" Verhalten oder in schwierigen Situationen adäquat begegnen. Schauen wir uns dazu ein weiteres Beispiel an.

Geschichte 9: Kein Kind ausschließen

Miriam ist vier Jahre alt und hat in der Kindertagesstätte vor ein paar Wochen von der mittleren in die große Gruppe gewechselt. Zusammen mit ihr sind noch zwei Jungen gekommen, die eng miteinander befreundet sind und wenig Raum für ein drittes Kind haben, noch dazu für ein Mädchen. Zu Hause ist Miriam das einzige Kind. Sie ist gewohnt: Die Spielsachen, die da sind, gehören ihr. Mit dieser Gewissheit geht sie auch in der Kindertagesstätte auf die anderen Kinder zu. Im Sandkasten nimmt sie sich Schippe und Eimer, mit denen gerade zwei fünfjährige Mädchen spielen. Sofort gibt es Geschrei. Die Erzieher*innen kommen hinzu, stoppen Miriam und fordern sie auf: „Frag, wenn du etwas haben willst. Wir nehmen nicht einfach etwas weg."

Das klingt zunächst nach einer sinnvollen Intervention. Tatsächlich sollen Kinder lernen, sich mit ihren Wünschen mitzuteilen und sich in Beziehung zu setzen. Das gilt allerdings für beide Seiten. Auch die anderen Kinder sollten Miriams Situation sehen: Verstehen, dass Miriam auch gerne mal mit Schippe und Eimer spielen will;

---

40 Vgl. ↗ https://www.sozialgesetzbuch-sgb.de/sgbviii/1.html

üben, diesen Wunsch aufzunehmen und mit ihr zu verhandeln, wie sie das gemeinsam lösen können. Solche Situationen wären gut geeignet, dass Kinder früh Möglichkeiten erfahren, Konflikte ohne Gewinner*innen und Verlierer*innen zu lösen.

In diesem speziellen Fall werden zudem die Themen Inklusion und struktureller Rassismus berührt. In dieser Kindertagesstätte, in der Menschen aus vielen Nationen zusammen lernen, ist Miriam das einzige dunkelhäutige Kind. Ähnlich wie bei den Beispielen von Laura, Max und Felix gilt auch hier: Miriam braucht die Unterstützung der Erzieher*innen, um Teil der Gemeinschaft sein zu können; zudem braucht sie die besondere Sensibilität und Parteinahme der pädagogischen Fachkräfte. Sie dürfen nicht zulassen, dass ein Kind ausgeschlossen wird. Keines! Alle Kinder sollen die Erfahrung machen können: „Du bist besonders und du gehörst zu uns!" Und hier ist es Ihre Aufgabe als pädagogische Fachkräfte, das Denken und Handeln der Kinder in diesen Prozess freundlich, annehmend und zugleich eindeutig zu moderieren. Sie müssen die anderen Kinder unterstützen, sich in die Situation der angeblichen „Störer*innen" oder „anderen" hineinzuversetzen. Gelingt das, werden sie das allen Kindern Gemeinsame und das sie alle Verbindende entdecken und lernen, sich zueinander in Beziehung zu setzen.

> Hier sei auf den Ansatz der vorurteilsbewussten Erziehung des Projekts „Kinderwelten" verwiesen und dessen Materialien zur Moderation von Gesprächen mit Kindern (siehe ↗ https://situationsansatz.de/fachstelle-kinderwelten%E2%80%8B). Um die Kinder unterstützen zu können, vorurteilsfrei aufeinander zu schauen, ist es notwendig, dass sich pädagogische Fachkräfte bewusst sind, wo sie selbst Urteile über Kinder haben, und dass sie diese auflösen. Siehe dazu auch Kapitel 2.

4.6 Partizipation mit Leben füllen

Deshalb sollten Themen des Zusammenlebens in der Gemeinschaft verhandelt werden. Das ist gelebte Partizipation. Kinder ab etwa drei Jahren können sich mit ihren Bezugserzieher*innen im Kreis treffen, um gemeinsam z. B. zu besprechen:

- Wie wollen wir Kinder in der Gruppe zusammenleben?
- Wann und wie wollen wir uns treffen, um miteinander Regeln auszuhandeln und einen Plan für den Tag aufzustellen?
- Wer soll dafür die Verantwortung übernehmen? Wir Kinder oder/und die Erwachsenen?
- Wie wollen wir Kinder neue Kinder in die Gruppe aufnehmen und willkommen heißen?

Gespräche im Morgen- oder Mittagskreis oder in einer Kinderversammlung sollten nicht länger als 20 Minuten dauern. Hier brauchen Sie als pädagogische Fachkräfte Geduld und einen langen Atem, um mit den Kindern langsam eine Gesprächskultur einzuüben. Ein Fluss im Gespräch wird erst entstehen, wenn die Kinder sicher sind, dass das keine Eintagsfliege ist und Sie als Erwachsene ernsthaft und beständig mit ihnen diese Fragen erörtern wollen. Bald werden ältere Kinder diese Gespräche moderieren und mit Zeichnungen dokumentieren können, natürlich unterstützt von den Erwachsenen. Später wird gemeinsam überprüft, wie das Besprochene gelebt wird.

Auch Kinder, die jünger als drei Jahre sind, können sich übrigens bereits im Kreis treffen. Sie hören ihren Namen, erleben, wer alles zur Gruppe gehört und wie es ist, Teil einer Gemeinschaft zu sein, wenn sie zusammen singen und kleine Spiele machen.

Gibt es eine gemeinsame Basis der Verständigung unter den Kindern, können sie gemeinsam mit Ihnen als pädagogische Fachkraft auch Vorhaben, Projekte und Konflikte besprechen. Dann tut sich ein weites Spektrum an Möglichkeiten auf, um mit den Kindern tiefer gehende Fragen des Zusammenlebens zu klären. Dabei kann es nicht das Anliegen sein, die angeblich „schwierigen" Kinder vorzuführen, sie durch die Gruppe zu disziplinieren und zu beschämen. Vielmehr sollten die Gespräche genutzt werden, um mit Verständnis und Mitgefühl die emotionale Regulation und das soziale Lernen in der Gemeinschaft zu unterstützen. Dabei kann das gemeinsame Spiel ein Thema sein:

- Wie fühlen sich die Kinder, wenn sie alleine spielen (müssen), die anderen sie nicht mitspielen lassen oder ihre Spielideen nicht aufgegriffen werden?
- Wie ist es, wenn jemand ein Spielzeug hat, das ein anderes Kind gerne hätte, und wie soll das geklärt werden?
- Vielleicht kommt dann die Frage auf, ob überhaupt das richtige Spielzeug in der Kindertagesstätte vorhanden ist, woher es kommt (wo und aus welchen Materialien es hergestellt wurde), welches angeschafft und wie es im Raum angeordnet werden sollte.

Oder es werden Gefühle im KiTa-Alltag thematisiert:

- Wie erleben die Kinder verschiedene Gefühle im Alltag? Wie würden sie diese beschreiben, wie sie malen?
- Was tun die Kinder, um sich in Erregungszuständen zu regulieren? Welche Tricks haben sie und welche neuen können sie kennenlernen?
- Vielleicht lohnt es sich herauszufinden: Was passiert im Gehirn bei jedem Gefühl oder wie wirkt Entspannung?

Möglicherweise lohnt es sich aber auch, auf die Stärken eines jeden Kindes zu schauen und wie es das Gruppenleben bereichern kann:

- Was kann jedes Kind besonders gut?
- Mit welchem Beitrag bereichert es das Gruppenleben?
- Worin können sich die Kinder gegenseitig unterstützen?
- Welche Figuren aus Filmen und Geschichten mögen sie besonders und was können sie von ihnen lernen?

Durch solche Gesprächskreise und Projekte lernen alle Kinder sich selbst und die anderen besser kennen und entdecken gemeinsam das Leben und welche Rolle sie darin spielen.

Bewusst betone ich den ressourcenorientierten Blick auf alle Kinder und lade dazu ein, auch die Kinderversammlungen und Kreisgespräche in diesem Geist zu führen. Dadurch werden die Stärken aller Kinder gestärkt. Es ist die Chance für Sie als pädagogische Fachkräfte, mit solch einem ressourcenorientierten Blick deutlich zu machen, dass alle Kinder Stärken haben.

Fällt der Name eines Kindes, der bisher eher wegen negativen Verhaltens genannt wurde, nun in einem anderen Kontext, wird das Kind sich entspannen und entdecken können, dass auch seine anderen Seiten wahrgenommen werden. Statt die Kinder einzuladen, andere Kinder für ein Verhalten zu kritisieren, wird der Blick auf das von allen gewünschte Verhalten gerichtet.

4.7 Die Balance zwischen empathischem Zuhören und authentischer Mitteilung

Für die Begleitung von Kindergruppen und die Moderation von Gesprächskreisen ist es hilfreich, auf das Modell vom Baum des Lebens (siehe Seite 32) zurückzukommen. Eine gute Balance zwischen authentischem Mitteilen und empathischem Zuhören werden Sie als pädagogische Fachkraft nur finden, wenn Sie stabil und sicher in sich ruhen. Aus einer stabilen Verbindung mit sich selbst werden Sie ausreichend Neugier und Geduld aufbringen, um den Kindern zuzuhören, von ihnen zu lernen und sich ihnen zu zeigen. Zugleich teilen Sie sich als pädagogische Fachkraft authentisch mit (siehe Seite 69), indem Sie die Verantwortung für Ihre eigenen Gefühle und Bedürfnisse übernehmen und Ihre Sicht äußern, ohne zu beschuldigen und zu kritisieren. Sie stehen für das ein, was Ihnen wichtig ist, und sagen klar, was Sie nicht mögen. Damit geben Sie den Kindern eine Orientierung, welche Werte in der

Gruppe gelebt werden. Eine Gruppe zu führen heißt außerdem, fürsorglich mit den Kindern zu sein und auch die eigenen Bedürfnisse zu kommunizieren. Dann heißt es nicht: „Hör auf, im Kreis dazwischenzureden. Sei still!", sondern: „Stopp. Jetzt hat X den Redestab. Ich möchte gern hören, was er / sie zu sagen hat, so wie ich auch dir zugehört habe. Mir ist ein freundliches Miteinander wichtig und dass wir unsere Gruppenregeln einhalten. Meinst du, wir müssen darüber noch einmal reden? Oder kannst du dich daran erinnern?" Hier zeigt die / der Erwachsene: Wer bin ich? Wofür stehe ich und was ist mir wichtig? Er / sie teilt sich authentisch mit.

Für ein gesundes Aufwachsen ist es für die Kinder ebenfalls wichtig, dass pädagogische Fachkräfte in einer ruhigen und freundlichen Präsenz und ohne die Alltagshast auf sie schauen: Was ist das für ein Kind, das sich hier entfaltet? Was bringt es mit in diese Welt? Kinder wollen in dem wahrgenommen werden, was sie sich zutrauen, wie sie sich organisieren und was sie dabei erschaffen. Sie brauchen, dass wir ihnen empathisch zuhören. Dafür müssen wir nichts tun, außer Präsenz zu zeigen; mit der ganzen ungerichteten Aufmerksamkeit bei dem Kind sein. Das gilt manchmal auch für solche scheinbaren Nebensächlichkeiten, wie sie alle Erzieher*innen kennen:

> „Ich bin der Erste!"
> „Meine Puppe ist schöner als deine."
> „Y ist gemein."
> „Ich bin froh, dass Z heute nicht da ist."
> „Neben X will ich nicht sitzen."

Im KiTa-Alltag hören Sie als pädagogische Fachkräfte häufig solche und ähnliche Sätze, Sätze, die nerven können. Gleichwohl, die Kinder sprechen über sich und das, was ihnen wichtig ist: Sie wollen gesehen werden, wie sie sind, mit ihren Normen und Werten, und sie wollen ihren Platz in der Gruppe finden. Sie wollen, dass ihnen jemand zuhört, sie bestätigt und ihnen dadurch Orientierung gibt.

So „anstrengend" die Sprüche sind – schockierend sind vor allem die üblichen Reaktionen der Erwachsenen darauf. Unsere Alltagskommunikation ist voll von sogenannten „Kommunikationskillern" – gut gemeinten Sprüchen, die nicht die Intention der Worte aufnehmen, sondern sie abwehren. Damit trennen sie und tun weh.

Im Seminar überprüfen wir, wie es sich damit verhält. Die pädagogischen Fachkräfte des Teams versetzen sich in die Rolle eines Kindes und erleben, wie es wirkt, wenn jemand auf sie mit der üblichen Schutzhaltung eingeht.

Da sagt ein Kind z. B. „Ich will nicht neben Robert sitzen." Die Fachkräfte bekommen die Aufgabe, mit den gebräuchlichen Kommunikationskillern zu antworten, und reagieren entsprechend:

- Du immer mit deinen Sonderwünschen! (Noch einen draufsetzen)
- Wieso denn nicht? (Analysieren)
- Vorgestern war es Susi. Gestern Leon. Heute Robert. (Geschichten erzählen)
- Stell dir vor, Robert würde so über dich sprechen! (Belehren)
- Stimmt, es ist nicht so einfach, neben Robert zu sitzen. (Trösten)
- Hier sind nur fünf Stühle. Es ist kein anderer frei. Du kannst auch rausgehen. (Erklärungen abgeben)
- Es ist ja nicht so, dass du neben Robert sitzen musst. Robert muss neben dir sitzen! (Korrigieren)
- Du hast sowieso immer etwas zu meckern! (Kritisieren)
- Würdest du es besser finden, neben Clara zu sitzen? (Vergleichen)
- Das habe ich mir ja nicht ausgedacht. So ist nun mal die Sitzordnung. (Verantwortung abgeben)
- Wenn du dich nicht sofort hinsetzt, isst du heute eben im Stehen! (drohend einfordern)

Im geschützten Raum des Seminars spüren die Zuhörer*innen den Antworten nach. Sie fühlen sich wie Ohrfeigen an. Sie sorgen für ein Ziehen im Bauch, einen Druck auf der Kehle oder andere Symptome. Ein Mensch fühlt sich nicht wahrgenommen. Genau darum geht es jedoch beim empathischen Zuhören: Bei dem Kind zu bleiben. Sich einzufühlen in das, was sich in dem Kind abspielen könnte. Nicht zu schnell auf die Lösungsebene zu gehen oder dem Kind das Bild zu vermitteln, es müsse irgendetwas ändern. Vielmehr erahnen wir beim empathischen Zuhören, welche Gefühle und Bedürfnisse das Kind zu seinem Satz motivieren. Das üben nun zwei Erzieher*innen in einem Rollenspiel, eine*r in der Rolle des Kindes (K), eine*r in der Rolle der Fachkraft (F):

F: „Fühlst du dich neben Robert unwohl?"

K: Nickt

F: „Ist es dir wichtig, dass du entscheidest, wo du sitzt?"

K: Nickt erneut, mit gesenktem Kopf

F: „Es scheint so, als liegt da noch Ärger in der Luft. Stimmt das? (spricht über einen Streit, der noch nicht ausgeräumt ist) Du möchtest gern im Frieden sein, wenn du dich zu jemandem setzt."

K: Zustimmung durch Nicken

F: „Um Frieden geht es dir. Okay. Was machen wir nun? (guckt mit großen Augen in die Runde) Hast du einen Vorschlag?"

K: Schüttelt den Kopf

F: „Brauchst du noch eine Klärung und Hilfe bei der Streitschlichtung?"

K: Nickt erneut

F: „Wer ist bereit zu unterstützen? Robert, bist du auch bereit?"

Eine solche Öffnung könnte in einem Kind durch Einfühlung entstehen. Laut Marshall Rosenberg verlangt diese Art, empathisch bei einem Kind zu sein, „einfach ganz und gar präsent zu sein, im Moment zu sein. Das heißt auch, die Gedanken zum Stillstand zu bringen". Er erinnert in diesem Zusammenhang an einen Satz von Martin Buber: „Trotz aller Ähnlichkeit hat jede lebendige Situation, wie ein neugeborenes Kind, auch ein neues Gesicht, das es nie zuvor gegeben hat und nie wiederkehren wird. Die neue Situation erwartet von dir eine Antwort, die nicht im Vorhinein vorbereitet werden kann. Sie erwartet nichts aus der Vergangenheit, sie erwartet Präsenz, Verantwortung; sie erwartet – dich" (Rosenberg 2004, S. 43).

Allein durch Zuhören und staunende Teilhabe an der Welt der Kinder werden sich etliche pädagogische Projekte ergeben. Kinder an allen sie betreffenden Angelegenheiten zu beteiligen verlangt, ihnen zuzuhören.

4.8 Führen und Grenzen wahrnehmen – „Macht mit" und „Macht über"[41]

Als pädagogische Fachkräfte haben Sie eine große Macht im Alltag einer Kindertagesstätte. Sie geben die Struktur vor und planen den Tag. Sie bereiten die Räume vor, öffnen und schließen sie. Sie bestimmen, ob und welches Spielzeug und Material zugänglich sind, oft auch, wer es bekommt und wer nicht. Sie laden zu Angeboten und Projekten ein oder erwarten die Beteiligung der Kinder. Entsprechend werben oder drängen Sie diese. Außerdem beurteilen und kommentieren Sie, was gut oder schlecht war oder ist. Sie schätzen die Kinder ein, geben eine Meinung ab, wo sie gefördert werden müssen oder wo sie sich zurücknehmen sollten.

Oft sind sich pädagogische Fachkräfte dieser Macht gar nicht bewusst. Es braucht jedoch die Einsicht: „Ja, hier bestimme ich", um diese Macht bewusst teilen zu können und die Kinder über ihren Alltag mitentscheiden zu lassen. Dafür müssen sich zuerst die pädagogischen Fachkräfte im Klaren sein, in welchen Angelegenheiten sie die Kinder hören und einbeziehen wollen und in welchen nicht.[42] Als Erwachsene sind Sie als pädagogische Fachkräfte in der Verantwortung, den Raum für diese Aushandlungsprozesse ohne Gewinner*innen und Verlierer*innen zu schaffen und zu halten. Sie sehen die Kinder als gleichwürdig und nutzen die eigene Macht, um

41 Zu „Macht mit" und „Macht über" siehe auch Kapitel 3.

42 So geht auch das Partizipationsprojekt „Kinderstube der Demokratie" vor, von dem wichtige Impulse für die Kindertagesstätte ausgehen. ↗ https://www.kinder-beteiligen.de/dnld/kinderstubederdemokratie.pdf.

die Kinder zu ermächtigen und ihnen zu ermöglichen, sich mit ihrem Potenzial zu zeigen und einzubringen.

In der GFK wird dieses Konzept „Macht mit“ genannt. Pädagogische Fachkräfte und Kinder stehen sich als gleichwürdige Partner*innen gegenüber. Beide teilen einander ihre Gefühle und Bedürfnisse mit und sind darüber miteinander verbunden. Sind sich Fachkräfte ihrer eigenen Rolle bewusst, können sie als „stärkere und klügere“ Partner*innen auf die Kinder zugehen und sie zur Mitgestaltung einladen: „Kinder, ich brauche euch, eure Ideen, eure Hilfe, damit wir eine gute Art und Weise des Miteinanders finden!“

„Macht mit“ ist jedoch nicht gleichbedeutend mit Grenzenlosigkeit. Zum einen agieren pädagogische Fachkräfte verantwortlich und mithilfe ihrer Professionalität. Im Interesse des Wohls der Kinder und des Zusammenlebens in der Gemeinschaft übernehmen sie die Führung und teilen sich authentisch mit. „Es gefällt euch nicht, dass wir jetzt für das Mittagessen das Spiel unterbrechen. Ich höre das. Gleichzeitig ist mir ein ruhiger Ablauf wichtig. Ich möchte, dass wir jetzt essen. Lasst uns in unserer Kinderkonferenz darüber sprechen, wie wir die Essenssituation verändern können.“

Zum anderen sind pädagogische Fachkräfte immer befugt, schützende Macht zu gebrauchen, wenn Kinder oder andere Menschen in Gefahr sind. Um das Lebendige zu schützen, wird in Not- und Ausnahmesituationen Macht gebraucht, ohne zuvor in einen Dialog zu gehen. Eine Grenze wird beispielsweise gesetzt, bevor ein Kind in ein Auto rennt oder ein Kind ein anderes verletzt. Im Unterschied zur strafenden und kritisierenden Intervention betont die Fachkraft bei ihrem Eingreifen, dass es um den Schutz geht. Sie unterstreicht, dass für sie ein Bedürfnis dringend ist, beispielsweise „Mir ist Sicherheit wichtig!“ oder „Ich möchte, dass wir alle gesund bleiben!“ Jedoch verurteilt sie die andere Person nicht für ihr Handeln oder straft sie. Ganz im Gegenteil. Ein Kind, das stolz ist, allein zu laufen, und an der Straße gestoppt wird, braucht Empathie dafür, dass sein Impuls unterbrochen wird.

An einem Beispiel soll gezeigt werden, wie sehr das Konzept „Macht mit“ dem Wohlbefinden der Kinder und dem der pädagogischen Fachkräfte dient sowie dem Lernen in einer demokratischen Gesellschaft. Es geht um folgende Situation: Zwei Kinder sind im Garten. Ein Kind stößt das andere sehr heftig. Schauen wir uns nun an, wie die pädagogische Fachkraft jeweils reagiert. Wie handelt sie, wenn sie „Macht über“ gebraucht und dominiert, und wie, wenn sie anerkennt, dass sie einem gleichwürdigen Menschen gegenübersteht?

Macht über	Macht mit
Was geschieht?	**Was geschieht?**
„Was machst du da? Hör sofort auf. Hier wird nicht geschlagen!“ Möglicherweise denkt die Fachkraft: „Das ist wieder mal typisch. Mit diesem Kind habe ich nur Ärger. Ich muss mit den Eltern darüber sprechen. So geht das nicht weiter.“	„Stopp! Nimm deine Hand zurück zu dir. Mir ist ein freundlicher Umgang wichtig. Rede mit X, wenn dir etwas nicht gefällt. Wenn du zu viel Kraft hast und die loswerden willst, kannst du mir helfen, den Garten aufzuräumen. Wollen wir gemeinsam klären, was los war? Bist du dazu bereit?“
Wie wirkt das auf das Kind?	**Wie wirkt das auf das Kind?**
▪ Das Kind hört, dass es etwas falsch gemacht hat. Es hört ein Urteil über seine Person und spürt den Missmut der Fachkraft. ▪ Eventuell passt sich das Kind aus Angst vor negativen Konsequenzen an und korrigiert sein Verhalten. Möglicherweise fühlt es sich schuldig oder es gibt seine Gestaltungsmacht auf (siehe Bedürfniskompass, Seite 112 ff.). Darunter kann sein Selbstwertgefühl leiden. Das Kind denkt: „Ich bin nicht Ordnung.“ Oder: ▪ Das Kind wird ärgerlich über die Reaktion und geht in den Widerstand: „Dir werde ich es zeigen!“ Auf diese Weise wehrt es sein Unwohlsein ab. Das Kind sieht keinen Grund, über sein Verhalten nachzudenken, und es lernt auch keine neuen Verhaltensmöglichkeiten.	▪ Das Kind erfährt, welches Verhalten in der Kindertagesstätte nicht akzeptiert wird, welche Werte gelten und welche Alternativen es hat, ohne dass sein Selbstwertgefühl angegriffen wird. ▪ Das Kind wird zu einem Gespräch eingeladen, in dem es über die Gründe seines Handels sprechen kann, Verständnis bekommt und neue Verhaltensmöglichkeiten kennenlernt. ▪ Vermutlich wird dieses Vorgehen das Kind entspannen und ihm zeigen, dass es einen Platz in der Gruppe hat. Es wird sich gewiss öffnen und zu einer Kooperation bereit sein. Möglicherweise entdeckt das Kind von sich aus, mit welchem Verhalten es zum Gruppenleben beitragen kann, und wird sein Verhalten ändern.

Macht über	Macht mit
Welche Auswirkungen hat das für die pädagogische Fachkraft?	**Welche Auswirkungen hat das für die pädagogische Fachkraft?**
■ Die pädagogische Fachkraft empfindet Ärger und fühlt sich unwohl mit der Situation. ■ Sie spürt die Spannung im Kontakt mit dem Kind, egal ob es sich unterordnet oder rebelliert. ■ Die Beziehung verhärtet sich. Manchmal befreien sich Fachkräfte aus der Situation, indem sie das Kind „abgeben" und einen Gruppenwechsel verlangen. ■ Die Fachkraft fühlt sich hilflos / frustriert / erschöpft / hoffnungslos / müde, weil sie nicht weiß, wie sie eine Verhaltensänderung bewirken und eine bessere Beziehung herstellen kann.	■ Die pädagogische Fachkraft teilt sich authentisch mit ihren Bedürfnissen mit. Und weil sie mit ihren Bedürfnissen verbunden ist, bleibt sie mehr oder weniger entspannt und präsent. ■ Auch wenn die pädagogische Fachkraft eine Grenze markiert, bleibt sie dem Kind gegenüber respektvoll und wird vom Kind respektiert. ■ Es gibt Verständnis und eine Verständigung zwischen dem Kind und der Fachkraft. ■ Die pädagogische Fachkraft empfindet sich als wirksam (gegenüber dem Kind) und erlebt, wie sich dessen Verhalten verändert. Sie ist mit ihrer Arbeit und dem Zusammensein mit den Kindern zufrieden.

Um tatsächlich „Macht mit" zu leben und die Kinderrechte in der Kindertagesstätte umzusetzen, ist es hilfreich, dass sich pädagogische Fachkräfte allein und im Team reflektieren sowie mit ihren eigenen Denk- und Verhaltensweisen auseinandersetzen. Sie könnten darüber nachdenken, wo sie unbewusst „Macht über" gebrauchen. Als pädagogische Fachkräfte besitzen Sie gewiss ein breites Repertoire an Alltagsroutinen, um auf die vielen unvorhersehbaren Situationen kompetent reagieren zu können. Manche davon können auch dominant und strafend sein. Deshalb sollten Sie sich fragen:

- Wo neige ich dazu, das Alltagsleben nur nach den eigenen Impulsen zu gestalten?
- Wo gibt es keinen oder wenig Raum für die Position der Kinder?
- Wo bestimme ich, lege ich fest und fordere ich, ohne die andere Seite zu hören?

Auch beim Aufdecken solcher Muster helfen Kinder. Es sind die Situationen, in denen sie „Nein" sagen, rebellieren, nicht zuhören oder klein beigeben (vgl. Seite 88).

ÜBUNG: Wechselspiel zwischen authentischer Selbstmitteilung und empathischem Zuhören[43]

Als pädagogische Fachkraft sind Sie im Gespräch mit den Kindern gefordert, herauszuhören, ob es jetzt darum geht, dem Kind zuzuhören oder ob es Ihre Klarheit als Führung braucht bzw. in der Lage ist, ihr zu folgen.

Gelingt es Ihnen im Gespräch, die Bedürfnisse des Kindes zu würdigen und mit ihm empathisch zu sein?

Es lohnt sich, verschiedene Varianten auszuprobieren und zu überlegen, wie sich das (verbale und nonverbale) Gespräch je nach Alter des Kindes verändert.

Beispiel:

Das Kind sagt: „Warum müssen wir jetzt mit dem Spiel aufhören?"

Empathisch zuhören	Authentische Selbstmitteilung / Führen
Bist du sauer, weil du gerade Spaß hast und weiterspielen möchtest?	Es ist Zeit zum Mittagessen. Mir ist es wichtig, dass wir in Ruhe aufräumen und den Tisch decken.

Weitere Sätze zum Üben:

Das Kind sagt: „Warum muss ich essen, wenn ich gar nicht hungrig bin?"

___

Das Kind sagt: „Warum müssen wir in den Garten gehen? Ich will drinnen spielen."

___

Das Kind sagt: „Warum schimpfst du mit mir? Du hast mir gar nichts zu sagen!"

___

Ihre eigenen Beispiele:

___

___

43 Diese Übung lernte ich 2018 von Marianne Göthlin auf dem LEELAB in Belgien.

ÜBUNG: Wertschätzen statt Loben

Denken Sie an ein Verhalten oder eine Leistung eines Kindes, an etwas, das Ihnen gefällt und bei dem Sie geneigt sind, das Kind zu loben, indem Sie z. B. „Toll!" sagen.

Fragen Sie sich:

- Was genau ist es, was Sie sehen oder hören, was Sie anspricht?
- Welches Ihrer Bedürfnisse wird dadurch berührt?
- Gelingt es Ihnen auszudrücken, was in Ihnen selbst lebendig ist, und gerade dadurch in Verbindung zu treten?

Ein Beispiel:

Ein Kind erzählt Ihnen, dass es gerne Fußball spielt Und Sie freuen sich, das zu hören. Warum ist das für Sie „toll"?

Beim Nachspüren wird Ihnen bewusst: Sie freuen sich, wenn jeder Mensch etwas findet, das ihn wirklich begeistert und das er mit Engagement ausübt. Deshalb hören Sie gern dem Kind zu, wenn es von seinem Sport berichtet. Dies einem Kind mitzuteilen entspricht einer Begegnung auf Augenhöhe. Als Erwachsene*r sind Sie mit Ihren Interessen / Vorlieben oder was auch immer für das Kind erkennbar. Die intrinsische Motivation des Kindes für sein Tun wird nicht irritiert.

ÜBUNG: „Macht mit" oder „Macht über"

- Denken Sie über Situationen aus dem KiTa-Alltag nach. Was sollte anders sein? Gibt es Situationen, in denen Sie sich wünschen, dass sich die Kinder anders verhalten? Gibt es Situationen, in denen Sie bisher Ihre unterstützende Macht nicht eingesetzt haben, um etwas zu ändern, oder wo sie sich durchgesetzt haben?
- Weshalb möchten Sie, dass sich die Situation verändert und die Kinder sich anders verhalten? Welche Bedürfnisse sind berührt, bei Ihnen wie bei den Kindern? Können Sie die Bedürfnisse beider Seiten respektieren?
- Durch welche neuen Strategien können Sie dafür sorgen, dass die Bedürfnisse beider Seiten besser befriedigt werden?

Dafür ein Beispiel:

Eine Erzieherin erzählt im Seminar, wie ärgerlich sie ist, wenn die Jungen aus ihrer Gruppe am Nachmittag über den Zaun der Kindertagesstätte klettern. Üblicherweise droht und meckert sie, ohne Wirkung.

Im Seminar erforscht sie, um welche Bedürfnisse es ihr geht: z. B. Sicherheit, Fürsorge, Ruhe, auch Gehört-Werden, Wirksamkeit. Zugleich überlegt sie, was den Kindern wichtig sein könnte: Bewegung, Abenteuer, Herausforderung, auch Kontakt zu den Eltern, die sie jenseits des Zauns sehen, wenn sie zum Abholen kommen.

Im Wissen um die Bedürfnisse beider Seiten überlegt die Fachkraft, mit den Kindern darüber zu reden, wie beiden besser entsprochen werden könnte. Ihre Idee: Als Ausguck ein Baumhaus auf dem Gelände der Kindertagesstätte zu bauen und beim Bau die Eltern mit einzubeziehen.

4.9 Kooperation und kraftvolle Bitten

Im Vier-Schritte-Modell der GFK ist die Bitte als der vierte Schritt der Sprung ins Neuland. Hier zeigt sich das Ergebnis der inneren Erforschung. Es geht darum, die Wirklichkeit zu verändern und zu gestalten. Worauf Marshall Rosenberg nachdrücklich aufmerksam machte, als er sein GFK-Modell vorstellte: Üblicherweise bitten wir nicht, weder uns selbst noch andere. Unser Leben könnte einfacher sein, würden wir Bitten als ein kraftvolles Mittel nutzen, um uns selbst zu zeigen und mit anderen in Kontakt zu treten! Die Bitte ist eine Chance, im Wechselspiel von Geben und Nehmen zu sagen, womit jemand unser Leben bereichern kann.

Auch in Kindertagesstätten sind Bitten nicht so sehr an der Tagesordnung, dafür aber Erwartungen oder Forderungen. Dazu ein Beispiel: Wenn die Kinder sich im Raum bewegen, hoffen pädagogische Fachkräfte oft, sie sollten möglichst langsam und bedacht von A nach B gehen und dabei wenig oder nur leise miteinander reden. Dieser Wunsch wird von Fachkräften häufig still vorausgesetzt. Und wird er laut geäußert, dann allenfalls als Forderung: „Könnt ihr nicht mal ruhig sein und euch einmal nicht gegenseitig schubsen?“

Hier wird eine inzwischen verbreitete Einsicht aus der Hirnforschung ignoriert: Der Satz enthält Negationen, die unser Gehirn mehr oder mindert „überhört“ bzw. zusätzliche Energie bedarf, um es in eine positive Aktion zu übersetzen. Die Formulierung lenkt die Aufmerksamkeit als Erstes auf die benannte Aktivität, also auf „schubsen“ und das Gehirn ist damit beschäftigt, diese Information zu verarbeiten. Der Zusatz „nicht“ fällt meist unter den Tisch. Probieren Sie es einmal mit dem folgenden Satz aus: „Denk nicht an Kakteen!“ Woran haben Sie sofort gedacht? An Kakteen! Und so hört auch ein Kind, das aufgefordert wird, *nicht* zu schubsen, vor allem „schubsen“ und ist vielleicht verwirrt, weil die verbale Botschaft nicht mit der nonverbalen übereinstimmt. Und trotz dieser Erkenntnis hören wir im Alltag weiter Sätze wie „Schrei nicht rum!" oder „Beiß nicht!"

Es ist also notwendig, positiv zu benennen, was ich möchte. Aber dafür muss ich wissen: „Okay, was will ich?"

Doch damit ist es noch nicht ganz getan. Es lohnt sich, einen Wunsch möglichst konkret zu fassen und die Aufmerksamkeit auf das zu lenken, worum wir bitten: „Könnt ihr euch mal benehmen?", „Seid ruhig!", „Verhaltet euch respektvoll!" Was genau soll hier jemand tun? Noch dazu Kinder, die überhaupt erst lernen, solche Abstraktionen zu entschlüsseln.

„Ich möchte, dass ihr eure Hände dicht an eurem Körper behaltet. Könnt ihr mal Zinnsoldat spielen. Geht das?" Das könnte eine Konkretisierung sein. Oder: „Wenn ihr lauft, lasst immer Platz zum nächsten Kind." Oder: „Ich möchte, dass ihr langsam geht. Setzt einen Fuß vor den anderen und kommt erst auf dem Boden richtig an, ehe ihr weiterlauft."

Das ist das nächste Merkmal: Eine Bitte soll konkret sein, handlungsorientiert, nachvollziehbar, machbar, direkt: „Das ist es, was ich so und so gerne hätte." Eine Bitte gleicht einer Bedienungsanleitung. Auch hier ist es hilfreich, jeden Handgriff oder Schritt einzeln zu erläutern, damit das Gerät letztlich funktioniert. Genau das brauchen Kinder: dass Sie als pädagogische Fachkraft die Kinder sprachlich an die Hand nehmen. Sie stellen ihnen Schritt für Schritt dar, was Sie gerne von ihnen hätten. Dabei gilt es natürlich, die Freiheit des Kindes zu achten, aber darauf kommen wir gleich zurück.

Was sind machbare, angemessene konkrete Handlungen, die noch dazu erfüllbar sind? – Wer schafft es, sich mit dem Ellbogen am Auge zu kratzen? Dass dies niemandem gelingt, es also nicht machbar ist, ist wohl einsichtig.

Wie sieht es aber mit der Aufforderung „Beiß nicht!" aus? Was möchte ich von dem Kind? Welche Handlung möchte ich ausgeführt sehen? Möchte ich, dass es vielleicht ein Stück wegrutscht? Oder sich mit Worten oder einem Zeichen erklärt? Vielleicht in einen Apfel oder ein Spielzeug beißt? Was passt zu dem Befinden des Kindes in diesem Moment? Kann es das in der Situation leisten, in der es sich gerade befindet?

Häufig ist es wenig sinnvoll, von einem ärgerlichen Kind zu verlangen, es solle ruhig reagieren. Vielleicht fühlt sich das Kind bedroht und ist erregt (vgl. Bauer 2006a). Möglicherweise ist der Platz des Kindes innerhalb der Gruppe infrage gestellt oder es geht um den Respekt vor seiner Besonderheit. In solchen Situationen geraten wir meist unweigerlich in Stress. Unser Überlebensinstinkt schaltet sich ein, die Amygdala befindet sich im Alarmzustand. Wir sind bereit zu kämpfen oder zu fliehen und nur bedingt in der Lage, logisch zu denken und gute Lösungen zu finden. Für Lösungen brauchen wir den Cortex, zu dem wir im Alarmzustand keinen Zugang haben. Hier gilt es also, beim Stress anzusetzen. Gelingt es Ihnen, einen guten Kontakt mit dem Kind herzzustellen, vermögen Sie als pädagogische Fachkraft vielleicht, das Kind einzuladen, mit ihnen gemeinsam tief ein- und auszuatmen und dadurch sich zu beruhigen. Als Fachkraft könnten Sie ebenso vorschlagen: „Lass uns zusammen rausgehen! Was meinst du dazu?“ Das ist eine nachvollziehbare Bitte und das Kind kann sich entscheiden.

Und das ist ein weiteres Merkmal einer GFK-Bitte, im Unterschied zu einer Forderung: Ich lasse eine Wahlfreiheit. Ich bin bereit, ein Nein zu hören und eine neue Bitte zu finden. „Okay, du magst nicht rausgehen. Wie ist es, wenn wir uns zusammen an den Nachbartisch setzen?“

Dem Gegenüber hilft bei der Entscheidung für oder gegen meine Bitte, wenn ich mich selbst zu erkennen gebe. Warum ist es mir so wichtig, dass der andere tut, worum ich bitte? Welchen Unterschied würde es für mich bedeuten? Hier gilt es, das Bedürfnis mitzuteilen, weshalb mir ein Verhalten wichtig ist. „Ich könnte entspannter bei euch sein, wenn ihr euch langsam und leise im Raum bewegt. Mir ist Ruhe so wichtig.“ Aus der Empathie-Forschung ist bekannt, dass Kinder gern zum Leben anderer beitragen. Hier haben sie die Möglichkeit dazu. Es ist gut, sie auf eine freundliche Weise einzuladen. Und natürlich brauchen sie einen Moment Bedenkzeit. Auch Kinder sind keine Automaten, die Gewehr bei Fuß stehen, um unsere Wünsche zu erfüllen. Wiederum braucht es den Abstand, die Pause. Konnte die Bitte landen? Es ist gut, wenn Sie als pädagogische Fachkraft selbst die Langsamkeit und Ruhe bewahren, die Sie sich von den Kindern wünschen.

Die Bitte ist für Sie als pädagogische Fachkraft eine Möglichkeit, die Kinder an Ihrer Vorstellungs- und Gedankenwelt teilhaben zu lassen. Was wäre jetzt das Beste, das Ihnen in diesem Moment passieren könnte? – Das klar zu fassen ist gar nicht so einfach.

Wenn ich nach einer guten Bitte suche, bekomme ich eine Idee, was wohl in meinem Gegenüber los ist, wenn ich nicht klar sage, was ich von ihm gerne hätte. Es fühlt sich an wie ein Stochern im Nebel. Ich überlasse die Dinge dem Zufall und sorge für Missverständnisse. Gerade deshalb bin ich herausgefordert, darüber nachzudenken, welches Verhalten eines Gegenübers für mich eine Bereicherung darstellen würde. Dazu hilft es, die Energie des Bedürfnisses in seiner Fülle einzuladen. Ich halte dann nicht an einer Lieblingsidee fest, die so und nicht anders umgesetzt werden muss. Gelingt es mir, mit meinen Bedürfnissen in einem solchen Überschuss zu sein, wird es ein Leichtes sein, Strategien zu finden, mit denen ich die Kinder begeistern kann.

Kommen wir auf das Bedürfnis nach Ruhe zurück. Vielleicht gelingt es einer Fachkraft, witzig zu intervenieren, indem sie die Kinder in besonders leise und langsame Tiere „verwandelt". „Könnt ihr langsam wie Schnecken durch den Raum kriechen? Oder bedächtig einen Fuß vor den anderen setzen wie Schildkröten? Oder schleichen wie ein Fuchs auf der Jagd?"

Oder die Erzieher*in erfindet eine Geschichte: „Stellt euch vor, ein Magier hat uns alle verzaubert. Ab sofort haben wir keine Stimmen mehr und müssen uns nur mit Mimik und Gestik verständigen? Könnt ihr das?"

Wenn es Ihnen als pädagogischer Fachkraft gelingt, sich gemeinsam mit den Kindern mit Fantasie und Kreativität neue Welten zu erschließen, können Bitten ein großer Schatz für den Alltag in Kindertagesstätten sein.

Eine Bitte ist die Antwort auf das, was ich fühle und brauche. Durch eine Bitte (an mich oder andere) besteht die Chance, mein Leben zu bereichern. Manchmal durch Klarheit – wenn ich eine Verständnisbitte äußere. Manchmal durch eine Rückmeldung – wenn ich eine Beziehungsbitte habe. Manchmal durch eine Tat – nach einer Handlungsbitte.

Eine Bitte zeichnet aus,

- dass sie positiv formuliert ist: Ich sage, was ich gerne hätte.
- dass sie konkret ist: Ich benenne eine Handlung, die ich gern erleben würde.
- dass sie im Hier und Jetzt geäußert wird: Ich frage nach dem Einverständnis im Moment und nicht für die Vergangenheit oder Zukunft. „Wie ist es gerade?"
- dass ich bereit bin, ein Nein zu hören und innerlich genug Raum habe, eine neue Bitte zu finden: „Okay, das kann ich hören. Und was hältst du davon?"

4.10 Ein Schatz für pädagogische Fachkräfte

Viele Fachkräfte machen die Erfahrung, wie bereitwillig Kinder Dinge für sie übernehmen, wenn sie danach fragen. Kinder freuen sich, etwas beitragen zu können. Für Erwachsene kann damit eine enorme Erleichterung verbunden sein. Dieses Potenzial sehe ich in Kindertagesstätten bisher viel zu wenig genutzt, besonders in Situationen, in denen es für pädagogische Fachkräfte anstrengend wird. Hier lohnt es sich, die Kinder tatsächlich einzubeziehen, sie als gleichwürdige Partner zu sehen und nach Unterstützung zu fragen. Auch das ist für mich Partizipation.

An dieser Stelle lohnt es, auf die verschiedenen Arten von Bitten zu verweisen:

- Es gibt Beziehungsbitten: „Ich wüsste so gern, wem es noch zu laut ist."
- Es gibt Handlungsbitten: „Könnt ihr euren Mund schließen und dann noch eure Hände und Füße stillhalten? Geht das?"
- Es gibt Verständnisbitten: „Können wir klären, was für mich und was für euch Ruhe ist? Wollen wir das mal versuchen?"

Kinder ab drei, vier Jahren können sich bei diesen Fragen auf jeden Fall einbringen und Vorschläge für Situation im Alltag äußern. Das erfordert, dass pädagogische Fachkräfte im „Modus des Bittens" sind. Was heißt das? Beim Äußern einer Bitte gilt es, ohne Druck zu sprechen und sich nicht über- oder unterlegen zu fühlen. Gleichzeitig gehört dazu, kraftvoll mit dem verbunden zu sein, was einem wichtig ist, und offen für Widerspruch zu bleiben. Wenig hilfreich ist, Recht haben zu wollen und darauf zu beharren, dass ein bestimmter gewählter Weg „gewinnt". Im Verständnis der GFK ist eine Bitte daran zu erkennen, dass man bereit ist, ein Nein zu hören.

Denn ein Nein, egal ob ausgesprochen oder nonverbal geäußert, ist auch immer ein Ja – zu etwas anderem. Möglicherweise haben die Kinder noch einen riesigen Bewegungsdrang und schaffen es nicht, ruhig zu sein. Gelingt es der pädagogischen Fachkraft, eine weitere Bitte zu finden, die ihren und den Bedürfnissen der Kinder entspricht? Vielleicht sagt sie: „Ich hätte es wirklich gern ruhig hier, und ich habe gehört, dass einige Kinder, die am Tisch spielen, auch gerne Ruhe hätten. Könnt ihr zum Toben in den Bewegungsraum / Garten gehen? Seid ihr einverstanden?"

Höre ich ein „Nein", bin ich aufgefordert, mich noch einmal neu auf den Tanz zwischen den Bedürfnissen meines Gegenübers und meinen eigenen einzulassen und weiterzuforschen, was eine neue, hilfreiche Bitte sein könnte. Natürlich kann ich auch fragen: „Hast du eine Idee, wie wir das hinkriegen?"

ÜBUNG: Mit den Kindern Bitten finden und schwierige Situationen freundlicher gestalten

Welche Situationen im Alltag Ihrer Kindertagesstätte finden Sie unbefriedigend?

- Was beobachten Sie?
- Welche Ihrer Bedürfnisse bleiben unberücksichtigt?

Haben Sie eine Idee, wie Kinder diese Situation erleben?

- Was könnten die Kinder beobachten?
- Was vermuten Sie, welche Bedürfnisse haben die Kinder?

Nutzen Sie diese Reflexion, um zunächst für sich selbst oder im Team mehr Klarheit darüber zu gewinnen, wodurch Ihre Bedürfnisse und die der Kinder besser erfüllt werden können. Fallen Ihnen neue Strategien ein, die dem dienlich sein könnten?

Verbunden mit den Bedürfnissen der Kinder und Ihren eigenen Bedürfnissen (und damit in ausreichendem inneren Frieden und in Offenheit) laden Sie die Kinder ein, Vorschläge für die Gestaltung der Situation zu äußern.

Gehen Sie vor wie beim Brainstorming. Sammeln Sie alle Ideen, die aufkommen, ohne diese zu bewerten.

Die Kinder können ihre Vorschläge aufmalen. Durch Bilder werden oft auch Dinge sichtbar, die nicht geäußert werden und die es zu beachten lohnt. Vielleicht erstellen Sie eine Sammlung mit Worten und Zeichnungen / Symbolen.

Sind ausreichend Vorschläge vorhanden, fragen Sie die Kinder: „Welchen würdet ihr am liebsten ausprobieren? Welchen findet ihr am wenigsten doof?“

Hier können Sie verschiedene Varianten der Abstimmung nutzen: mit Steinen oder durch das Zählen der Kinder etc. Wichtig ist, einen Vorschlag zu finden, den möglichst alle Kinder und auch Sie selbst akzeptieren.

Nun vereinbaren Sie mit den Kindern, nach diesem Vorschlag eine bestimmte Zeit (vielleicht zwei Wochen) zu handeln: Hilft er Ihnen allen, sodass Sie sich in der Situation besser fühlen? Gleichzeitig ist es wichtig, die Vereinbarung kindgerecht zu dokumentieren und zu überprüfen, ob sie eingehalten wird. Kinder sind in der Regel gern bereit, sich darum zu kümmern.

Ist die Frist abgelaufen, wird ausgewertet: Hat die Situation sich verändert? Kann die Frage vielleicht neu gestellt werden – und wenn ja: wie? Brauchen wir neue Bitten? Das Ziel ist immer, Strategien und Bitten zu finden, damit sich Kinder und pädagogische Fachkräfte in der Kindertagesstätte wohlfühlen und gern dort sind.

Tipp: In einem Film über Freinet-Pädagogik ist das Thema der obigen Übung wunderbar dokumentiert. Eine Kindergruppe wünscht sich, dass es in der Kindertagesstätte Mädchen- und Jungentoiletten gibt, um Streitigkeiten zwischen den Geschlechtern zu verhindern. Die Kinder beschriften die Toiletten und basteln Fahnen, mit denen jedes Kind sofort die anderen erinnern kann, falls jemand das mal vergessen sollte.

Dieser Film kann ausgeliehen oder gekauft werden unter: ↗ https://freinet-kooperative.de/verein/material/filme/#die-freinet-kindertagesstaette-prinzhoefte-den-kindern-das-wort-geben-von-anfang-an

4.11 Bitten statt Ärgern

Im KiTa-Alltag gibt es für pädagogische Fachkräfte zahlreiche Situationen, in denen es hilfreich ist, sich mit Bitten an ein Kind bzw. die Kinder zu wenden. Auf diese Weise können Vereinbarungen getroffen werden, durch die sich Kinder *und* Erwachsene gesehen fühlen. Gerade in Situationen, in denen Fachkräfte dazu neigen, ärgerlich zu werden, kann das neue Möglichkeiten eröffnen.

Häufig ist es notwendig, dass sich die pädagogischen Fachkräfte als Erstes selbst Empathie geben und erkunden, was ihnen gerade wichtig ist (siehe Seite 31 in Kapitel 2). Wenn sie sich innerlich mit ihrem Bedürfnis nach Ruhe, Gelassenheit, Freundlichkeit etc. verbinden und aus dieser Verbundenheit mit sich selbst heraus sprechen, werden sie bereitwilliger gehört werden. Um zu der Fülle zu kommen, ist es möglicherweise notwendig, einen eigenen Auslöser (beispielsweise durch ein paar ruhige Atemzüge) zu beruhigen. Sind pädagogische Fachkräfte im Mangel mit ihren eigenen Bedürfnissen, schalten Zuhörer*innen eher auf Widerstand. Es darf auf keinen Fall unterschätzt werden, wie genau Kinder hören und spüren, ob die Erwachsenen in Frieden und entspannt oder im Konflikt sind.

Es versteht sich von selbst, dass das Bitten nichts Manipulatives hat, wie das Strippenziehen im Marionettenspiel. Eine Bitte wird im Kontext der Verbindung und Beziehung gleichwürdiger Partner*innen geäußert. Erst geht die Fachkraft in einen freundlichen Kontakt mit dem Kind. Dann bittet sie.

Kindern mit Würde begegnen

Kinder wollen die Akzeptanz und Zuneigung der pädagogischen Fachkraft spüren. Möglichst ein weites Herz, in dem alle Kinder Platz finden.

Welche Wertschätzung die pädagogische Fachkraft für die Kinder hat, lesen diese an vielen Kleinigkeiten ab, z. B. daran, dass die pädagogische Fachkraft ...

- in sich ruht und gelassen wirkt, freundlich schaut und lächelt;
- sich körperlich auf Augenhöhe mit den Kindern begibt;
- den Kindern ruhig in die Augen schaut oder durch Nähe oder eine Berührung eine Verbindung herstellt;
- mit ruhiger, freundlicher Stimme spricht, mit wenigen, verständlichen Worten und in einem angenehmen Tempo;
- den Kindern Möglichkeiten eröffnet, sich selbst einzubringen und ihre Fähigkeiten zu beweisen, worüber sich die Fachkraft wiederum freut;
- ihnen zuhört und auf nonverbale Zeichen achtet;

- den Kindern Zeit lässt, ihre Bitten zu beantworten, und dass sie bereit ist, ein Nein zu hören und eine neue Bitte für ihr Anliegen zu finden, wenn der erste Vorschlag für das Kind nicht passt;
- – wenn ihr das Verhalten eines Kindes nicht gefällt – zuerst schaut, ob sie etwas an der Umgebung verändern kann;
- kein Kind vor anderen rügt. Vielmehr spricht sie die Sache mit dem Kind allein an. Sie betont zuerst die Verbindung, würdigt vielleicht die Stärken des Kindes und benennt dann, warum ihr ein Verhalten missfällt und welche konkrete Bitte sie nun hat;
- schaut freundlich und zugleich optimistisch auf „schwierige" Situationen, ist bereit zu lernen, und vielleicht fällt ihr sogar etwas Lustiges ein, um neu in Kontakt zu kommen.

Begegnung in Würde ist wie ein Tanz: Ein*e Partner*in tut einen Schritt, die*der andere folgt, und gemeinsam bewegen sich beide in Verbundenheit und Freude.

Diese Haltung vorausgesetzt, können pädagogische Fachkräfte Bitten nutzen, um Kindern eine Orientierung im Alltag zu geben.

Bitten im KiTa-Alltag: Einige Beispiele[44]

Eine pädagogische Fachkraft ist mit dem Verhalten eines Kindes nicht einverstanden: Hier ist es hilfreich, die Situation des Kindes wahrzunehmen, empathisch zu spiegeln und dann die eigene Position authentisch mitzueilen.

Beispiel:

„Ich sehe, dass du Spaß daran hast, die Stifte durch den Raum zu werfen.

(Kontakt halten, Pause machen, Offenheit zeigen)

Ich möchte, dass du die Stifte aufhebst und in den Becher tust. Bist du dazu bereit?

(Pause)

Oder möchtest du, dass ich helfe?"

---

44 Anregungen für diese Bitten habe ich aus dem Buch *Kinder brauchen uns* gewonnen (Neufeld. & Maté.2006, S. 237 ff.).

Eine Fachkraft erwartet ein bestimmtes Verhalten von einem Kind: Wenn dieses Verhalten jedoch ausbleibt, ist sie vielleicht enttäuscht oder vermisst Wertschätzung. Deshalb lohnt es sich, die Verantwortung für das zu übernehmen, was man gerne hätte, und das Kind zu fragen, ob es bereit ist, das zu tun.

Beispiele:

Vor der Verabschiedung am Nachmittag: „Meinst du, du könntest mir jetzt Tschüss sagen und dazu die Hand geben? Das wäre für mich ein schöner Abschluss für unseren Tag."

Ein Kind um Hilfe bitten: „Bist du bereit, mit mir diese Dinge in die Küche zu tragen? Ich brauche wirklich eine Hilfe an meiner Seite."

Das Verhalten eines Kindes widerspricht in wiederkehrenden Situationen deutlich den Bedürfnissen der Fachkraft und denen der anderen Kinder und führt oft zu Ärger: Es gibt Situationen, in denen werden Kinder wieder und wieder für das gleiche Verhalten gerügt, ohne dass diese Kritik fruchtet. Oft sind die Kinder dann spontan und impulsiv und können sich nicht kontrollieren. Die Ermahnungen der Erwachsenen erreichen sie nicht, weil sich ihr Gehirn im Stressmodus befindet.

Kinder und Erwachsene, die sonst durchaus gute Zeiten miteinander haben, fühlen sich in solchen Situationen nicht wohl. Um bei derart gemischten Gefühlen ein Unbehagen anzusprechen, empfehlen sich Abstand und eine entspannte Situation. In geschützter Atmosphäre lässt sich besprechen, welche Gefühle Sie als Fachkraft in der Konfliktsituation bei dem Kind vermutet und welche Sie selbst haben. Davon ausgehend ist es möglich, mit Respekt gegenüber dem Kind Verhaltensalternativen zu entwickeln, mit denen die Bedürfnisse aller berücksichtigt werden. Fachkräfte können Kindern auf diese Weise Orientierung geben. Sie können ihnen Möglichkeiten vorschlagen, wie sie für sich sorgen und zugleich einen geachteten Platz in der Gruppe finden können.

Beispiel:

„Jetzt gerade haben wir eine entspannte Zeit miteinander. Ich erinnere mich an den Morgenkreis. Da warst du sehr ärgerlich auf mich und hast sogar geschimpft, als ich dich bat, leise an deinem Platz sitzen zu bleiben. *(Auf die Reaktion des Kindes warten, ihm Raum für seine gemischten Gefühle lassen.)*

Mir ist es wichtig, dass der Morgenkreis in einer ruhigen Atmosphäre stattfindet, dass alle Kinder zu Wort kommen und alle zuhören. Kannst du das verstehen?

(Raum lassen)

Vermutlich willst du, dass die anderen Kinder erfahren, was du alles erlebt hast und weißt. Ist das so? Du bist aufgeregt und kannst gar nicht warten, ja?

(Abwarten, was das Kind sagt, eventuell weiter spiegeln. Wurde das Kind gehört, ist es möglich, eine Selbstmitteilung zu geben.)

Ich werde sehr unruhig und für mich ist es schwer, leise zu bleiben, wenn du redest, obwohl ein anderes Kind den Redestab hat. Kannst du dir das vorstellen?

(Raum lassen, bis das Kind versteht, wie es der Fachkraft geht, ohne Wertungen! Ist die Verbindung zwischen beiden da, kann nach einer Strategie gesucht werden.)

Hast du eine Idee, wie wir das lösen können?“

Wenn das Kind eigene Vorschläge hat, diese möglichst aufgreifen und es eventuell vor dem Morgenkreis nochmals erinnern: „Du weißt, wir haben eine Verabredung! Danke dafür!“

Möglicherweise ist es dennoch gut, das Kind vor der eigenen Impulsivität zu schützen und ihm Unterstützung anzubieten: „Was hältst du davon, wenn ich dir im Morgenkreis einen Extra-Talisman in die Hand gebe, der dich daran erinnert zu warten, bis du an der Reihe bist?“

Gelingt es dem Kind, sich an die Vereinbarung zu halten, lohnt es natürlich, das nach dem nächsten Morgenkreis mit Worten oder Gesten wertzuschätzen, eventuell auch vor der Gruppe. Solch eine Würdigung unterstützt das Kind, diesen Weg weiterzuverfolgen. Kann das Kind die Vereinbarung nicht halten, ist es wichtig, im Zwiegespräch nachzufragen, was das Kind braucht, oder eine neue Bitte zu finden.

Ein Kind verhält sich unangemessen oder ungehalten gegenüber der pädagogischen Fachkraft oder anderen Kindern: Benutzt ein Kind Ihnen gegenüber Schimpfworte oder es haut Sie, ist es vermutlich schwierig, in solch einer Situation nicht ebenso emotional betroffen, ärgerlich und ungehalten zu reagieren. Gleichwohl wollen Sie als die Fachkraft Vorbild sein. Um die Würde beider Seiten wahren zu können, ist es wichtig, dass Sie sich als Fachkraft schnell und effektiv einen (inneren) Raum zur Beruhigung verschaffen. Zugleich sollten Sie dem Verhalten des Kindes so ruhig wie möglich Einhalt gebieten. Möglicherweise ist es notwendig, als Erwachsene*r Verantwortung dafür zu übernehmen, dass man gerade erregt ist und deshalb Bedenkzeit braucht und man erst später mit dem Kind die Situation klären kann. Gleichzeitig ist es jedoch für das Kind wichtig zu wissen: Sie als Fachkraft haben wahrgenommen, dass das Kind ärgerlich, empört, unzufrieden o. Ä. ist. Gut wäre es, wenn Sie sich auf die Beziehung konzentrieren könnten und den Vorfall nicht überbewerten würden. Vermutlich wollte das Kind zeigen: „Auch ich habe

Macht und lasse mir nicht alles gefallen." Möglicherweise fand es dafür keine adäquate Strategie. Umso mehr sind Sie als Fachkraft gefordert, nicht ebenso unangemessen zu reagieren.

Beispiel:

Ein Kind schimpft über eine Fachkraft: „Du hast mir gar nichts zu sagen!" *und haut dazu noch um sich.*

Die Fachkraft unterbricht das Verhalten: „Stopp. Das erlaube ich nicht!"

Die Fachkraft kann sich z. B. auf ihren Atem konzentrieren, um sich innerlich zu beruhigen. So ist sie wieder in der Lage, sich dem Kind zuzuwenden. Dann spiegelt sie das, was sie beim Kind wahrnimmt, z. B.: „Du bist ärgerlich ...", „Du findest doof, was gerade passiert ist ...", „Deine Gefühle überwältigen dich gerade ... Du suchst gerade nach Worten, die du mir noch an den Kopf werfen kannst ..."

(Abwarten, dem Kind Raum geben)

„Ich möchte, dass wir beide jetzt etwas auf Abstand gehen und uns abkühlen. Was hältst du davon, wenn wir uns in einer Stunde zusammen in eine stille Ecke setzen?"

5. Respekt vor der Verschiedenheit: Beziehungen zu den Eltern

„Sie haben ja gesehen,
dass die Verbindung für einen Moment unterbrochen
und dann wieder aufgenommen werden kann.
Wenn sie einen Menschen für einen Moment verlieren,
macht das nichts …
Sie haben jederzeit die Chance, zurückzugehen
und sich wieder mit den Gefühlen und Bedürfnissen
Ihres Gegenübers zu verbinden.“

(Marshall B. Rosenberg 2004a, S. 116)

5.1 Die Eltern sind die Nummer eins

Kinder gehören zu ihrer Familie. Auch wenn die Mädchen und Jungen inzwischen oft viele Stunden am Tag in öffentlichen Einrichtungen verbringen – die Eltern und andere Familienmitglieder bleiben die wichtigsten Bezugspersonen für sie. Selbst wenn es manchmal einen anderen Anschein haben mag: Eltern sind in allen Lebenslagen rund um die Uhr und in der Regel bis zum 18. Lebensjahr für ihr Kind verantwortlich. Eltern kennen ihr Kind am besten, wissen, was es mag und was es kann und was gut für es ist. Die Forschung belegt immer wieder, dass der Einfluss der Familie für den Lebensweg eines Kindes prägender ist als der von Kindertagesstätte und Schule. Die Eltern sind also immer die Nummer eins für die Kinder.

Deshalb ist es wichtig für Sie als pädagogische Fachkräfte, Eltern als die wichtigsten Bezugspersonen für ihr Kind zu respektieren und ihnen mit Wertschätzung zu begegnen. Allen Eltern. Auch jenen, die ihr Kind am Morgen mit Handy am Ohr und bereits in Geschäftsverhandlung oder in Gesprächen mit der Familie in den Gruppenraum schieben. Jene Eltern, die ihr Kind mit schmutziger Kleidung und Dreck unter den Fingernägeln abgeben. Und die Eltern, die nicht Deutsch sprechen, zu allem freundlich nicken, selbst wenn sie nicht verstehen, worum es geht.

Es ist Ihre Verantwortung als pädagogische Fachkräfte, die Urteile zu überwinden, die in Ihrem Kopf toben mögen, und mit den Eltern einen wertschätzenden Kontakt herzustellen: Wofür kann ich Eltern schätzen, auch wenn sie sich in einigen Punkten unakzeptabel verhalten?

Dabei muss man präzisieren: Auch wenn sich das traditionelle Geschlechterrollenverständnis langsam wandelt, halten sich noch immer Väter oftmals aus dem KiTa-Geschehen heraus. Es sind meist die Mütter, die die Beziehung zu den pädagogischen Fachkräften gestalten. Und für die Kommunikation ist das übrigens nicht ganz unwichtig. Väter, so fanden Wissenschaftler*innen heraus[45], wollen anders angesprochen werden, klarer, eindeutiger: Was ist vorgefallen? Was gilt es zu tun? In GFK-Begriffen ausgedrückt: Sie wollen eine Beobachtung und eine Bitte hören.

Geschichte 10: Die kleinen Dinge schätzen und den Menschen sehen

Im Seminar erzählt Kathleen, dass sie sich über die Mutter eines Mädchens ihrer Gruppe ärgert. Die Vierjährige geht seit drei Jahren in die Kindertagesstätte. Seit einem halben Jahr besucht zudem der anderthalbjährige Bruder die Einrichtung. In den Augen der Erzieherin verwöhnt die Mutter den Kleinen, während sie bei der Tochter nicht einmal bereit ist, ihr morgens zum Abschied zuzuwinken oder beim Anziehen die Schuhe zu binden. Vielmehr schiebt sie das Mädchen mit den Satz „Du bist schon groß“ der Erzieherin zu. Kathleen findet es schwierig, der Mutter vorurteilsfrei gegenüberzutreten. „Wie sie mit dem Kind umgeht! Sie hat eine Bindungsstörung!“ Immer neue Dinge fallen ihr auf, die sie blöd findet – getreu der Erkenntnis: Da wo die Aufmerksamkeit hingeht, geht die Energie hin.

Gelingt es ihr auch, scheinbar kleine Dinge und Gesten wahrzunehmen, die sie schätzen kann und ihr eine Verbindung ermöglichen würden? Vielleicht können die Beobachtungen des Dichters Kurt Tucholsky einen Impuls liefern. Der schaute als erwachsener Mann auf die Leistungen seiner Mutter, zu der er zeitlebens ein schwieriges Verhältnis hatte:

45 Eine Anregung dafür liefert die Koordinierungsstelle „Männer in KiTas“ mit einer Handreichung „Vielfältige Väterarbeit in Kindertagesstätten. Erfahrungen und Reflexionen.“, verfügbar unter ↗ https://www.koordination-maennerinkitas.de/uploads/media/04_Broschuere_Vaeterarbeit_Handout.pdf

Mutterns Hände

Hast uns Stulln jeschnitten
un Kaffe jekocht
un de Töppe rübajeschohm -
un jewischt und jenäht
un jemacht und jedreht ...
alles mit deine Hände.

Hast de Milch zujedeckt,
uns Bobongs zujesteckt
un Zeitungen ausjetragn –
hast die Hemden jezählt
und Kartoffeln jeschält ...
alles mit deine Hände.

Hast uns manches Mal
bei jroßem Schkandal
auch'n Katzenkopp jejeben.
Hast uns hochjebracht.
Wir wahn Sticker acht
sechse sind noch am Leben ...
alles mit deine Hände.

Heiß warn se un kalt
Nu sind se alt
nu bist du bald am Ende.
Da stehn wa nu hier,
und denn komm wir bei dir
und streicheln deine Hände.

Im Seminar wird Kathleen aufgefordert, Verhaltensweisen und Situationen zu benennen, für die sie die Mutter schätzen kann. Im ersten Moment fällt ihr nichts ein. Sie hat sich regelrecht in ein Negativbild verrannt. Erst als die Kolleg*innen sie an Situationen erinnern, lässt auch Kathleen andere Seiten zu (die Übung folgt auf Seite 153):

- Die Mutter hält gewissenhaft Verabredungen ein und ist stets – wie erbeten – vor dem Morgenkreis mit ihrer Tochter da.
- Beide Kinder kommen sauber und witterungsgemäß gekleidet in die Kindertagesstätte und haben ein gesundes Frühstück in der Tasche.

- Das Mädchen hat fast jeden Morgen die Haare zu einem akkuraten Zopf oder einem Pferdeschwanz gebunden und erzählt, dass die Mutter sie frisiert hat.
- Die Mutter hat die Initiative ergriffen und die anderen Eltern zu einem Elterngespräch zum Thema „Regeln“ eingeladen.

Durch die Fülle an Beobachtungen kippt allmählich Kathleens inneres Bild über die Mutter. Es verweist mehr auf einen eigenen blinden Fleck. Gibt es beispielsweise in Kathleens Beziehung zu ihrer Mutter etwas zu klären?[46]

In diesem Fall entscheiden wir uns, nach der Tochter zu schauen. Wie geht es einem Kind, wenn es Unstimmigkeiten und Spannungen zwischen seinen Eltern und einer pädagogischen Fachkraft wahrnimmt? Für die Einfühlung nutzen wir vier Stühle für die vier Schritte der GFK. Darauf setzen sich vier Erzieher*innen, um aus der Perspektive des Kindes zu erahnen, was sie jeweils über die Beziehung wahrnehmen.

Beobachtungen: Das Mädchen …

- sieht, dass die Erzieherin auf einige Eltern lächelnd zugeht, manche auch mit Vornamen anspricht und mit ihnen eine Weile an der Tür stehen bleibt und redet, aber nicht mit seiner Mutter;
- bemerkt, dass die sonst offene, kontaktfreudige Erzieherin mit seiner Mutter wenig spricht;
- hört manchmal, wie die Erzieherin zu ihrer Kollegin eine Bemerkung macht oder das Gesicht verzieht, sobald seine Mutter den Raum verlassen und die Tür hinter sich geschlossen hat;
- lauschte kürzlich einem Gespräch zwischen Mutter und Erzieherin. Dabei fiel ihm auf, dass sie einander nicht anschauten, beide schnell und laut sprachen und beide nach dem Gespräch ärgerlich dreinschauten.

Gefühle: Das Mädchen ist vielleicht …

- unsicher, traurig, irritiert;
- dadurch angespannt, es empfindet eine Enge, fühlt sich klein und hilflos und spürt Angst, weil es nicht weißt, wo das noch hingeht;
- betrübt;
- gehemmt und zapplig im Spiel.

Ein Gedanke kommt auf: Das Mädchen könnte hin- und hergerissen sein und nicht wissen, ob es eine der Frauen lieber als die andere haben oder sich womöglich abweisend verhalten sollte.

---

46 Hinweise für einen biografischen Ansatz und eine Übung zu Triggern gibt es in Kapitel 2, Seite 55 ff.

Bedürfnisse: Das Mädchen …

- könnte verstehen wollen, was hier passiert, und braucht Verständnis für seine Situation;
- wünscht sich vermutlich Freundlichkeit, eine Verbindung zwischen den beiden;
- will sicher einbezogen sein, will von beiden gesehen werden;
- will vertrauen können, dass die Kindertagesstätte ein guter Ort für es selbst und die Eltern ist;
- braucht Wertschätzung und Gemeinsamkeit; die Fähigkeit, zu lernen und zu wachsen und auch Missverständnisse zu überwinden;
- wünscht sich Frieden und Freiraum, auch anders und individuell sein zu können, für sich und seine Mutter.

Bitten: Vermutlich wünscht sich das Mädchen, dass …

- Erzieherin und Mutter sich vertragen;
- sie sich die Hand reichen und einander anlächeln;
- die beiden Frauen einmal zusammen an der Tür stehen und quatschen;
- oder, oder, oder.

Erzieher*innen fühlen sich in der Regel gut in Kinder ein. Gleichwohl ist es immer ein besonderer Moment, im Seminar wahrzunehmen, wie sehr es Mädchen und Jungen beeinträchtigt, wenn pädagogische Fachkräfte und Eltern sich nicht verstehen und schätzen.

Kinder wünschen sich, dass ihre Eltern und die pädagogischen Fachkräfte einander respektieren und in Übereinstimmung miteinander handeln. Sie wollen die Verbindung zwischen beiden Seiten spüren, selbst dann, wenn sie nicht immer einer Meinung sind. Sie brauchen, dass die beiden Seiten nach einer Auseinandersetzung wieder zueinander finden, und wollen das Vertrauen zwischen beiden spüren. Jeder Missklang in der Beziehung würde sie irritieren und verunsichern. Sie beziehen solche (oft auch nur unterschwellig spürbaren) Spannungen und Missverständnisse auf sich: „Es liegt an mir, dass es hier Streit gibt." In der GFK sprechen wir dann vom „Wolf nach innen". Er nimmt den Kindern die Kraft und Zuversicht, dass sie einen sicheren Platz in der Gemeinschaft haben, geschätzt werden und dazugehören, und zwar so, wie sie (und ihre Familie) sind. Häufig meinen Kinder, sie seien für den Missklang verantwortlich und müssten ihn ausgleichen, ohne wirklich zu wissen wie. Das macht hilflos. Mit dieser Unsicherheit können Kinder nicht gut lernen und die Gemeinschaft bereichern. Für Erzieher*innen heißt das: Sie können unter solchen Bedingungen auch ihren pädagogischen Auftrag nicht in dem Maße erfüllen, wie es von ihnen erwartet wird und wie sie selbst es wollen.

5.2 Sich ehrlich den Eltern mitteilen

Es ist hilfreich und auch notwendig, dass Sie als pädagogische Fachkraft den Eltern Ihre ehrliche Meinung mitteilen. Und das hat absolut nichts mit Besserwisserei zu tun.

Häufig sehen Erzieher*innen Dinge, trauen aber ihrer Wahrnehmung nicht oder trauen sich nicht, die Eltern anzusprechen. Mitunter meinen sie, es sei nicht professionell, etwas über sich zu sagen, über ihr Empfinden. Sie wollen die Grenzen der anderen respektieren, erlauben es aber, dass Eltern ihre Grenze berühren oder überschreiten. Beispiel: Es gibt die Vereinbarung, die Kinder vor dem Morgenkreis in die KiTa zu bringen. Es gibt aber Eltern, die (unabgesprochen) später kommen, und die Fachkräfte sagen dazu nichts. Hier büßen die pädagogischen Fachkräfte Teile ihrer Professionalität ein und die Kinder verlieren Unterstützer*innen.

Pädagogische Fachkräfte sind nämlich auch Anwälte der Kinder. So machen sie Eltern auf ein Verhalten aufmerksam und weisen darauf hin, wie das vermutlich beim Kind ankommen mag. Geschieht dies ruhig und frei von Ärger, ohne den Wunsch, recht haben zu wollen und ohne Forderungen, werden die Eltern es schätzen, solche unterstützenden Hinweise zu bekommen

Kathleen aus unserem Beispiel oben, die nun bereit ist, die Mutter zu schätzen, wie sie ist, könnte ihr jetzt ehrlich jene Verhaltensweisen mitteilen, die sie beobachtet. Dafür ist es hilfreich, dass sie zunächst die Mutter fragt, ob sie bereit ist, etwas zu hören. Auch Zeitpunkt und Ort sind für ein solches Gespräch nicht unwichtig. Vielleicht verabreden sich die beiden Frauen zu einer Tasse Kaffee am Nachmittag und gehen dafür in einen Besprechungsraum. Die Tochter würde es sicher freuen.

Im Gespräch ist es wichtig, dass die Erzieherin voll und ganz Verantwortung für ihre Position übernimmt. Es gibt etwas, das sie wahrnimmt und der Mutter zur Verfügung stellen möchte. Es ist eine Chance, die Beziehung zu verbessern. So kann Kathleen ihr Anliegen im Gespräch einführen. Möglicherweise ist es ein Angebot zum Lernen. Das wird sich zeigen.

Sollte die Mutter sich rechtfertigen oder „zurückschlagen“, ist der Versuch missglückt. Auch dann ist es wichtig, gut bei sich zu bleiben: „Ich wollte Ihnen nicht zu nahetreten. Ich wollte Ihnen etwas aus meiner Warte sagen. Falls Sie eine Kritik gehört haben, bedauere ich das. Das war nicht meine Absicht.“

Was sieht und hört Kathleen, wozu sie der Mutter etwas sagen möchte? Das üben wir im Seminar im Rollenspiel:

„Ich höre, wie Sie zu Ihrer Tochter sagen ‚Du bist schon groß' und nach der Verabschiedung schnell aus dem Gruppenraum gehen. Sie sind vielleicht zwei Minuten anwesend. Und fast jeden Tag schaut Ihre Tochter Ihnen dann minutenlang nach."

Welche Gefühle und Bedürfnisse sind bei der Erzieherin hier berührt? Was ist ihre tiefe Wahrheit darüber und wie kann sie diese so fürsorglich wie möglich der Mutter mitteilen?

„Mir fällt es schwer, darüber zu sprechen, weil ich Angst habe, Sie könnten eine Kritik hören. Ich will Sie nicht kritisieren. In der Situation passiert bei mir ganz viel. Ich denke, Sie wollen es Ihrer Tochter leicht machen. Sie trauen ihr etwas zu. In der Tat hat sie ihren Platz in der Gruppe gefunden, spielt gern mit den anderen Kindern. Dennoch bin ich irritiert und traurig, weil ich gern Verbindung spüren würde, vielleicht in Form einer kleinen Geste zwischen Ihnen und Ihrer Tochter. Das würde sich für mich warm und nah anfühlen. Ich hätte es so gern leicht und freudig für uns alle."

An dieser Stelle hält die Person in der Rolle der Erzieherin inne und prüft, wie der Kontakt zu der Person in der Rolle der Mutter ist: Können wir einander in die Augen sehen? Oder besteht eine andere Form von Kontakt?

Hier braucht es unbedingt eine Pause und auch Raum, sich berühren zu lassen. Möglicherweise ist es notwendig, die Mutter zu stoppen, wenn sie sofort antworten will. Vielleicht ist es gut, einige Atemzüge gemeinsam zu nehmen. Hilfreich könnte hier auch eine Bitte sein. In diesem Fall sind vor allem Beziehungsbitten empfehlenswert, wie:
„Was ist bei Ihnen angekommen?"
„Haben Sie eine Kritik gehört?"
„Gibt es etwas, das Sie überrascht, oder etwas, das Sie ärgert?"

Auf jeden Fall ist es wichtig, die Verbindung herzustellen.

Als Kathleen in der nachempfundenen Szene mit der Mutter spricht, wird sie still und kämpft mit Tränen. Dann erzählt sie, wie streng sie erzogen wurde und wie wenig Raum es für ihre Gefühle als Kind gab. Sie erschrickt über die Wiederholung und nimmt sich vor, mit ihrem Mann über das Gespräch zu reden. Wäre das ein echtes Gespräch in einer Kindertagesstätte, würde die Erzieherin anschließend möglicherweise einen Wandel bei der Mutter entdecken – und Dankbarkeit beim Kind.

Egal, ob im Rollenspiel oder im echten Leben: Die Voraussetzung für ein solches Gespräch ist der freundliche, ressourcenorientierte Blick auf das Kind und auf seine Eltern. In einer spannenden Befragung durch das Deutsche Jugendforschungsinstitut (Kalicki 2018, S. 51) untersuchten Wissenschaftler*innen die Beziehung zwischen Müttern (Väter wurden in diesem Fall nicht befragt) und Erzieher*innen. Sie fanden heraus: Mütter mögen und respektieren Erzieher*innen immer dann weniger, wenn sie bei ihnen eine kritische Haltung gegenüber ihrem Kind erleben oder vermuten. Nehmen wir an, ein Kind gilt als verhaltensauffällig. Auch wenn die Mutter das selbst so sieht, wirkt es sich auf ihre Beziehung zu pädagogischen Fachkräften negativ aus, wenn sie merkt: „Die halten mein Kind für verhaltensauffällig." Die Ergebnisse lassen den Schluss zu, dass Eltern über ein feines Gespür für kritische Einschätzungen und Haltungen gegenüber ihrem Kind (und auch ihnen gegenüber) verfügen. Urteile, Meinungen und Erwartungen anderer erahnen sie oft.

In der GFK sprechen wir bei kritischen Einschätzungen und Haltungen, hervorgerufen durch Urteile über andere, vom „Wolf nach außen". Deshalb ist es für die Verbindung hilfreich, sich der eigenen Urteile bewusst zu werden (die Wolfsshow zu machen, siehe Kapitel 3, Seite 66). Es lohnt sich zu fragen, welche Bedürfnisse dadurch berührt werden, und diese ins Gespräch zu bringen.

Ihnen als Erzieher*innen werden in diesem Sinne weitere Themen einfallen, die sie irritieren und kritisch über Eltern urteilen lassen. Es kann lohnenswert sein, diese zu übersetzen und sich mit einer authentischen Botschaft als professionelle Fachkraft zur Verfügung stellen. Das dies nur geschehen kann, ohne belehren oder recht haben zu wollen, versteht sich von selbst.

Hier einige Beobachtungen, die Erzieher*innen irritieren oder kritisch über Eltern urteilen lässt:

- Wenn Eltern zwar fragen, ob das Kind gegessen und geschlafen hat und ob es auf Toilette war, andere Bedürfnisse des Kindes aber nicht ansprechen.
- Wenn Eltern mit dem Handy am Ohr in die Kita kommen – vielleicht, um die Begegnung mit den Erzieher*innen abzuwehren.
- Wenn Eltern nur über Fehler und Schwächen ihres Kindes sprechen, die positiven Seiten aber nicht zu sehen scheinen.
- Wenn Eltern die Selbstständigkeit des Kindes einschränken und ihm viele Dinge abnehmen, die es bereits allein kann.

Hierzu schrieb bereits vor 45 Jahren eine amerikanische Pädagogin einen Satz, der meiner Meinung nach nichts an Aktualität eingebüßt hat: „Vor allem sollten Eltern empfinden, was für einen Unterschied sie im Leben ihrer Kinder machen. Die gezeigte Aufmerksamkeit, die ausgedrückte Freude, ihr Zuhören, ihr Interesse – all das nährt das sich entwickelnde Selbst des Kindes, wie Nahrung seinen Körper nährt und wie Spielsachen und Erblicktes, Töne und Gerüche die Sinne nähren" (Honig 1916, S. 5). Mitunter sind es die pädagogischen Fachkräfte, die bei Eltern dieses Gefühl für ihre Kinder erwecken.

Es folgt nun die Übung, die Kathleen unterstützte, eine authentische, ehrliche und zugleich fürsorglich, partnerschaftliche Beziehung zu der Mutter zu gestalten. Um

Urteil zu übersetzen, eignet sich außerdem die Übung „Verbindung statt Kritik“ (Kapitel 3, Seite 96).

ÜBUNG: Wertschätzung entwickeln

Denken Sie an Eltern (oder andere Personen aus Ihrem Umfeld), mit denen Sie eine freundlichere Beziehung leben möchten.

____

____

Was tun diese Menschen, wofür Sie dankbar sind oder was Sie schätzen?

____

____

Manchmal sind es große Dinge. Wichtig ist es, die kleinen Dinge nicht zu übersehen. Zählen Sie so viele Beobachtungen auf, wie Ihnen einfallen. Gelingt es Ihnen, eine lange Liste zu erstellen?

Wie geht es Ihnen danach? Bemerken Sie eine Veränderung bei sich?

____

____

Wissen die Eltern, was Sie an ihnen schätzen? Gibt es eine Gelegenheit, es ihnen mitzuteilen?

____

____

Es kann sein, dass es den Eltern zunächst schwerfällt, diese Worte anzunehmen. Um Kritik und Verletzungen abzuwehren, haben mache Menschen sich einen dicken Schutzpanzer zugelegt, den auch Wertschätzung und Dankbarkeit nicht durchdringen können. Nehmen Sie das wahr. Vielleicht greifen Sie diese Vorsicht und Zurückhaltung auf, indem Sie eingestehen, dass es Ihnen nicht sofort gelungen ist, auf die Haben-Seite zu schauen.

____

____

Vielleicht können Sie in konkreten Situationen bewusst einzelne Punkte von Ihrer Liste benennen. Dann können die Eltern unmittelbar erleben, was für Sie einen Unterschied ausmacht. So wie ich die Essenz der GFK verstehe, empfiehlt es sich mitzuteilen, welches Bedürfnis durch ein Verhalten erfüllt wird.

Können Sie erkennen, dass es auch Sie nährt, anderen Menschen Wertschätzung zu geben?

____

____

Vielleicht kann das ebenso Thema auf einer Teamsitzung sein.

Das erinnert mich an einen Spruch des Arztes und Pazifisten Albert Schweitzer: „Liebe ist das Einzige, was sich verdoppelt, wenn man es teilt.“

5.3 Eltern als Auftraggeber*innen für die Arbeit in der Kindertagesstätte

Lassen Sie uns in diesem Zusammenhang einmal anschauen, welchen Rahmen es für die Beziehung zwischen Eltern und pädagogischen Fachkräften in einer Kindertagesstätte gibt.

Anders als in der Schule gibt es keine KiTa-Pflicht. Kindertagesbetreuung ist ein freiwilliges Angebot. Auch wenn endlich die Kinderrechte ins Grundgesetz aufgenommen würden, wird es keine Verpflichtung zum KiTa-Besuch geben. Artikel 6 des Grundgesetzes bestimmt die Pflege und Erziehung der Kinder als „das natürliche Recht der Eltern und die zuvörderst ihnen obliegende Pflicht“[47]. Die Kindertageseinrichtung, so heißt es im Kinder- und Jugendhilfegesetz, soll die Erziehung und Bildung in der Familie unterstützen und ergänzen und den Eltern helfen, Erwerbstätigkeit und Kindererziehung besser miteinander zu vereinbaren.

Damit sind die Eltern de facto die Auftraggeber für die Angebote der Kita-Träger und die Arbeit der pädagogischen Fachkräfte in den Einrichtungen. Diese ziehen aus der Gesetzeslage mitunter die Konsequenz, sich selbst nur als Dienstleister*innen zu sehen. Eine sehr verkürzte Sicht.

Die frühpädagogische Forschung kennt für Eltern und pädagogische Fachkräfte jeweils vier Modi (vgl. Thiersch 2006, S. 96 ff.), wie diese sich in der Beziehung zueinander sehen. Natürlich sind diese Modi Vereinfachungen und in der Praxis nicht in

47 ↗ https://www.bundestag.de/grundgesetz

Reinform anzutreffen. Dennoch ist erkennbar, dass die gegenseitigen Vorstellungen und Erwartungen nicht immer zueinander passen und Konflikte vorprogrammiert sind.

Nach dieser Einschätzung gibt es Eltern, …
- die über alle Abläufe und Geschehnisse in der Kindertagesstätte genau informiert sein wollen (Modus der Identifikation);
- die ihre Rechte und Pflichte für die KiTa-Zeit an die Erzieher*innen übertragen und sich damit begnügen, kurz informiert zu werden (Modus der Delegation);
- die in den Erzieher*innen die Fachleute für Bildung und Erziehung von Kindern sehen und hoffen, davon zu profitieren (Modus der Beratungsbedürftigkeit);
- die von den Erzieher*innen auch praktisch unterstützt werden wollen (Modus der Unterstützung).

Ähnlich verschieden definieren sich pädagogische Fachkräfte in ihrer Beziehung zu den Eltern. Da gibt es Erzieher*innen, …
- für die Professionalität im Vordergrund steht, die auf ihr Fachwissen pochen und mit den Eltern nicht so viel zu tun haben wollen (Modus der Abgrenzung);
- die sich um freundschaftliche Beziehungen zu den Kindern und deren Eltern mühen (Modus der persönlichen Zuwendung);
- die davon ausgehen, dass Eltern in Erziehungsfragen nicht ausreichend kompetent sind und sie vieles besser wissen als die Eltern (Modus der Belehrung);
- die sehen, welche Ressourcen die Eltern mitbringen und wie sie daran anknüpfen können (Modus der Ressourcenorientierung).

Welchen Modus auch immer Eltern und Erzieher*innen wählen: Auch hier gilt, dass sie sich mit ihrem Verhalten (und dem entsprechenden Modus) bestimmte Bedürfnisse erfüllen und dass (vielleicht) andere Bedürfnisse unerfüllt bleiben.

Ihre Aufgabe als pädagogische Fachkräfte ist es, diese Widersprüche und Konflikte auszubalancieren und eine freundliche, wertschätzende Beziehung zu den Eltern zu gestalten. Das gehört zu ihrer Verantwortung in ihrem Beruf. Diese Brücke zwischen den beiden Partnern ist notwendig, damit die Kinder entspannt in der Kindertagesstätte sein können.

5.4 Jenseits von Richtig und Falsch

Was jedoch geschieht, wenn Eltern und pädagogische Fachkräfte verschiedene Meinungen zu einem Thema haben? Welche Chance haben pädagogische Fachkräfte, mit ihrer Position von den Eltern gehört und ernst genommen zu werden, wenn sie ein anderes als das erlebte Verhalten im Interesse und zum Wohl des Kindes wünschen? Vor allem, wenn dieses Verhalten auch die Arbeit in der Kindertagesstätte unmittelbar betrifft.

Als ein Streitthema im Alltag vieler Kindergärten erlebe ich gegenwärtig die Frage nach „kranken Kindern". An den Türen zu Einrichtungen sind Plakate mit Slogans wie „Einer krank, alle krank" zu entdecken. Das, so viele Erzieher*innen, sei doch wohl verständlich und einsichtig! Dennoch geben Mütter und Väter am Morgen ihre Töchter und Söhne ab mit Bemerkungen wie: „Sie hat zwar gestern Abend gebrochen, heute am Morgen war aber alles wieder gut." Oder: „Er hat nur schlecht geschlafen. Deshalb sieht er so blass aus." Oder: „Ja, sie hustet ein bisschen. Das ist nichts weiter." Die Erzieher*innen beobachten bald, wie ein zwei-, vier- oder fünfjähriges Kind sich, statt mit den anderen zu spielen, apathisch bewegt oder nur liegen will. Es braucht mehr Zuwendung als gewöhnlich, will kuscheln und fordert mit seiner Krankheit Fürsorge ein.

„Diese Tatsachen ignorieren die Eltern!", entrüstet sich auf einer Fortbildung Lydia, eine pädagogische Fachkraft auf der Suche nach Unterstützung. „Die Eltern sind sauer auf uns, weil wir sie wegen eines kleinen Schnupfens auffordern würden, ihr Kind abzuholen. Sie sind entrüstet, weil sie angeblich wegen uns ihre Arbeitstermine sausen lassen müssen." Was die Erzieher*innen umtreibt: Wieso haben Eltern so wenig Mitgefühl für ihre Kinder? Wieso verstehen sie nicht, dass kranke Kinder vor allem ihre Eltern brauchen und sie als pädagogische Fachkräfte sie nicht auch bei Krankheit versorgen können?

Das ist eines der Themen, bei denen das Verhältnis zwischen Erzieher*innen und Eltern schnell aus der Balance gerät. Daran wird deutlich, wie sehr die Fähigkeit, einander zu hören und Verständnis füreinander aufzubringen, davon abhängig ist, wie sehr man sich selbst versteht oder wie sehr man verstanden wurde. Davon hängt ab, wie viel Raum existiert, die andere Seite zu empfangen. Das Thema „kranke Kinder" ist ein Beispiel dafür, wie schnell zwischen zwei Parteien der Kanal für das Senden und Empfangen verstopft ist, weil es nicht gelingt, zur tieferen Wahrheit vorzudringen.

Lassen Sie mich zunächst ein Grundaxiom der Kommunikation erläutern: Kommunikation ist der Austausch von Landkarten. Ich sage jemandem, wie ich die Welt sehe. Dieser Mensch sagt mir, wie er die Welt sieht. Mitunter liegen die abgebildeten

Landstriche sehr weit voneinander entfernt. Meine Fähigkeit, mir vorzustellen, dass jemand anders eine andere Perspektive und damit eine andere Sicht auf die Welt hat, hängt sehr von meiner eigenen Position ab. Wie eng oder offen ist sie? Wie unsicher oder fest verankert? Wie eindeutig und doch flexibel kann ich sein? Das sind Fragen, die sich in jeder Kommunikationssituation neu stellen. Die Antworten entscheiden darüber, wie sich das Hin und Her zwischen Sender und Empfänger gestaltet.

Oft haben wir die Erwartung, dass es genügt, etwas klar und deutlich zu sagen, und der Empfänger führt die erbetene Handlung aus. Wir sind von unserem Anliegen sehr überzeugt. Dabei ziehen wir gar nicht in Betracht, dass der Empfänger eine eigene, eine andere Position haben könnte. Im gewissen Sinne übersehen wir, dass das Gegenüber auch ein Mensch ist. Als Subjekt seines eigenen Lebens behält er sich vor, die gesendete Nachricht nicht zu empfangen, in den Widerstand zu gehen, indem er die Nachricht überhört oder ihr einfach seine Botschaft aus der eigenen Welt entgegensetzt.

Stellen wir uns den Kommunikationsfluss zwischen Sender und Empfänger wie ein Rohr zwischen zwei Personen A und B vor. Dann kann es sein, dass die Nachricht von A in der Mitte stecken bleibt, weil bereits die Antwort von B unterwegs ist. Genauso fühlen sich häufig Debatten zwischen zwei Seiten an: Noch ehe sichergestellt ist, dass die gesendete Nachricht überhaupt empfangen wurde, wird von einer anderen Person eine eigene Information übermittelt. Es kommt zu einem Streit, zu Missverständnissen oder Zerwürfnissen. Oft kann man im Nachhinein gar nicht mehr sagen, welche Argumente von beiden Seiten im Spiel waren.

Aus der Warte der Kommunikationstheorie ist die Lösung einfach: Einer von beiden, A oder B, entscheidet sich, die andere Seite zunächst anzuhören und sich selbst mit seiner Meinung zurückzuhalten. Erst wenn die erste Nachricht vollständig übermittelt und auch verstanden wurde, wird der Modus gewechselt. Nun sendet auch jene Person ihre Information, die zunächst nur empfangen hat. Wurden beide Seiten gehört, ist es möglich, darüber nachzudenken, was die Konsequenz und vielleicht auch Lösung sein könnten.

Soweit die Theorie. Kommen wir zu dem Beispiel zurück. Natürlich ist es eine berechtigte Erwartung von Lydia als Erzieherin, dass die Eltern ihr Kind abholen oder zu Hause lassen, wenn es krank ist. Pädagogische Fachkräfte sind keine Krankenpfleger*innen. Ein krankes Kind braucht Ruhe und Fürsorge, kann kaum spielen und lernen. Deshalb steht auch in den Betreuungsverträgen mit den Eltern, dass kranke Kinder zu Hause gepflegt werden. Dabei geht es auch um die Erfüllung der Kinderrechte.

Doch so sehr das Recht aufseiten der pädagogischen Fachkräfte ist: Ein Recht-haben-Wollen verhindert auf jeden Fall die Verbindung. Wenn pädagogische Fachkräfte sich wünschen, dass Eltern offen auf ihre Situation in der Kindertagesstätte eingehen, ist es hilfreich, zunächst in Vorleistung zu gehen. Und das bedeutet: Man selbst tut, was man sich von der anderen Seite wünscht. In unserem Fall könnte das heißen, die Situation der Eltern zu sehen und ihnen Mitgefühl entgegenzubringen. Es geht um Verstehen, nicht um Einverstandensein oder die Sicht zu teilen. Das heißt, gewaltfrei zu handeln.

5.5 Die Herausforderungen der Eltern

Natürlich sind Eltern nicht gleich Eltern. Die Elternschaft in einer KiTa ist in der Regel genauso vielfältig wie unsere Gesellschaft. Es gibt Unterschiede in der Lebensform, dem Verständnis von Familie, der finanziellen Ausstattung, Herkunft und Lebensweise, in der Einstellung zu Kindern und der Bereitschaft und Fähigkeit, Kinder zu erziehen und zu begleiten etc. Gleichwohl ließen mich die sozialen Daten zu einer aktuelleren Studie aufhorchen. Für diese wurden vorwiegend berufstätige Eltern, zu 60 Prozent Akademiker mit Deutsch als Muttersprache, befragt. Neben der Fürsorge für ihre Kinder berichteten sie von folgenden Belastungsfaktoren in den Familien (Dreyer at al. 2018, S. 15):

- schwere Erkrankung / Pflege (9,5 Prozent)
- Schichtdienst (54 Prozent)
- häufiger Streit (15,9 Prozent)
- aktuell laufende Scheidung / Trennung (1,6 Prozent)
- finanzielle Belastung (11,11 Prozent)
- beengte Wohnverhältnisse (9,5 Prozent)
- andere Belastungen wie Schwangerschaft, Neugeborenes, Abschlussphase eines Studiums (33,3 Prozent)

Aus diesem Daten geht für mich hervor, mit welchen Anstrengungen Eltern in unserer Zeit zu tun haben. Bedürfnisse nach Unterstützung, Sicherheit, Leichtigkeit, Vertrauen, Kooperation, Freiheit, Freiraum und nach vielem mehr bleiben bei ihnen häufig auf der Strecke. Eltern mit anderen sozialen und kulturellen Hintergründen haben sicher weitere Belastungen zu bewältigen: in einer neuen Gesellschaft ankommen, mit deren Normen vertraut werden, die Sprache lernen, für den Existenzerhalt sorgen usw. Wenn pädagogische Fachkräfte mit Eltern im Gespräch sind, sind sie herausgefordert, diese Lebenssituationen in Betracht zu ziehen – und zwar möglicherweise vor dem Dialog und bevor es zum Streit kommt.

Stellen wir uns vor, Lydia, die Erzieherin aus dem Beispiel weiter oben, ruft bei einem Vater auf der Arbeitsstelle an. Sie teilt ihm mit, dass sein Kind apathisch auf dem Sofa im Gruppenraum liegt und sich nicht wohlfühlt. Sie bittet den Vater, das Kind abzuholen und zu Hause zu betreuen.

Bereits im Einstieg werden erste Linien dafür gezogen, wie die weitere Kommunikation läuft. Verlangt die Erzieherin: „Sie müssen Ihr Kind abholen!"? Oder beschreibt sie das Befinden des Kindes und bittet den Vater, zu kommen: „Ich bitte Sie, Ihr Kind abzuholen." Oder kann sie ihn sogar einladen, gemeinsam zu überlegen, was der beste Weg ist? Die beiden letzten Möglichkeiten erhöhen auf jeden Fall die Bereitschaft, sich auf das Anliegen der Erzieherin einzulassen und das Kind abzuholen. Hören wir eine Forderung oder nehmen wir Druck wahr, stellen wir uns schnell stur. Alle Menschen wollen gesehen werden und einbezogen sein. Klingt etwas nach einer Forderung, vermissen wir Wahlfreiheit und blockieren den Kontakt.

Die nächste Klippe ist, den Vater für die Situation der Erzieherin und des Kindes zu gewinnen. Dafür ist es notwendig, auch seine Sicht einzubeziehen und nicht zu schnell auf eine Lösung zu setzen.

Ich schätze es sehr, wie kreativ pädagogische Fachkräfte in der Regel sind und wie es ihnen gelingt, aus der unmöglichsten Lage einen Ausweg zu finden. Allerdings ist diese Lösungsorientierung mitunter auch ein Problem. Sie sorgt dafür, dass einige gewinnen, andere verlieren. Gesprächspartner*innen fühlen sich manchmal gar nicht wahrgenommen. Ihre Gefühle und Bedürfnisse fallen einfach unter den Tisch. Doch immer, wenn wir meinen, so ist etwas und so muss etwas sein (sprich: so sieht die Lösung aus), verlieren wir am Ende eher. Absolutheitsansprüche verhindern Beziehungen.

Wenn es also um ein krankes Kind geht, sind das „Recht" und das „allgemeine Empfinden" zwar aufseiten der Fachkräfte, und dennoch lohnt es sich, die Perspektive der Eltern einzubeziehen. Und wieder einmal offenbart sich das Magische an der GFK: Werden die Gefühle und Bedürfnisse aller gehört, eröffnen sich Wege, die vorher gar nicht sichtbar waren.

Zurück zu Lydia und ihrem Telefonat mit dem Vater. Vielleicht ist er enttäuscht, traurig oder besorgt, dass etwas Schlimmeres mit dem Kind sein könnte. Wahrscheinlich ist er jedoch unter Druck, weil er seine beruflichen Verpflichtungen nun nicht erfüllen kann.

Bei aller Fürsorge für das Kind ist offensichtlich die Befürchtung beruflicher Konsequenzen durch einen zeitweiligen Ausfall für ihn dringlicher. Hier geht es um die materielle Sicherheit der Familie. Möglicherweise ist sie real gar nicht so sehr bedroht, aber gedanklich ist sie das. Eltern sind dann oft angespannt oder verunsichert und so bleibt nur wenig Raum für den Wunsch, ihr Kind möge in der KiTa gut betreut sein.

Dabei sind sich Eltern häufig nicht sofort im Klaren darüber, welche Konsequenzen ihr reserviertes oder ablehnendes Verhalten gegenüber den Erzieher*innen hat:

- dass ein krankes Kind in der Kindertagesstätte nicht versorgt werden kann;
- dass es andere Kinder, auch die Fachkräfte, anstecken und ein Schneeballeffekt ausgelöst werden könnte, der das gesamte Betreuungsangebot bedroht;
- dass auch das Vertrauensverhältnis zwischen Kind und Eltern sowie das zwischen Erzieher*innen und Eltern leiden kann.

All das ist dem Vater im Moment des Anrufs nicht gegenwärtig. Er steht unter Druck und reagiert möglicherweise abweisend: „Das fehlte gerade noch." „Ich kann nicht kommen." „Können Sie das Kind nicht noch zwei, drei Stunden sich ausruhen lassen, bis ich hier fertig bin."

Fachkräfte wiederum fühlen sich in solchen Situationen häufig so, als hätten sie nun den Schwarzen Peter. Möglicherweise toben bei ihnen im Kopf unbewusst einige – oft nicht einmal eingestanden – Urteile über sich selbst oder die Eltern. An dieser Stelle lud Marshall Rosenberg dazu ein, sich in einer „Wolfsshow" seiner Gedanken bewusst zu werden und sie in Bedürfnisse zu übersetzen, die hinter den Urteilen und Beschuldigungen versteckt sind.

Erzieher*innen denken vielleicht über sich selbst:

- „Ich würde als Mutter / Vater nie so handeln!"
- „Die behandeln mich als Dienstleister*in und tun so, als sei ich für die Situation verantwortlich."
- „Ich komme wirklich mit den anderen Kindern unter Druck."
- „Ich habe Angst, selbst krank zu werden."

Über die Eltern wiederum urteilen die Erzieher*innen möglicherweise:

- „Die sind herzlos! Sehen sie nicht, wie schlecht es dem Kind geht?"
- „Die haben nur ihre Karriere im Kopf."
- „Wenn es um andere Dinge geht, erlebe ich sie als viel flexibler."

Solange diese oder ähnliche Urteile zwischen den pädagogischen Fachkräften und den Eltern stehen, wird es schwierig, eine gleichwürdige Verbindung zu finden, in der beide Seiten gesehen werden. Gewiss werden sich auch hier kleine Mikrosignale wie ein abweisender Ton, ein Luftablassen oder ein strenges Räuspern am Telefon in den Kontakt einschleichen. Diese Zeichen sprechen von der Missbilligung, auch wenn sie nicht laut vorgebracht werden.

Es empfiehlt sich, diese Urteile wahrzunehmen, denn alle Menschen haben Urteile über andere. Wir sehen etwas und haben dazu Gedanken. So sind wir sozialisiert. Hilfreich ist es, anzuerkennen, dass diese Gedanken mir etwas über mich selbst und nicht über diesen anderen Menschen verraten. Sie verweisen darauf, was mir wichtig ist.

Erzieher*innen können aus der Liste ihrer Urteile ihre Bedürfnisse herauslesen, z. B. nach Fürsorge, Verantwortlichkeit und Professionalität, Gelassenheit, Freiraum und Spiel, nach Gesundheit und Wohlergehen, nach Mitgefühl und Empathie, nach Balance zwischen Beruf und Familie, nach Offenheit und der Bereitschaft, sich berühren zu lassen.

Worte für diese Bedürfnisse aufzuschreiben oder zu formulieren ist das eine, sie mit ihrer Energie zu spüren das andere. Wieso ist mir diese Sache so wichtig? Hier geht es auch um eine tiefe Herzenswahrheit, und oft sträuben wir uns, sie zu fühlen und auszusprechen. Sie kommt aus einem inneren, verletzlichen Bereich in uns. Wenn wir uns zeigen, wie wir sind, werden wir nicht selten verletzt. Deshalb verbergen wir diese Bereiche – vor uns und den anderen. Damit halten wir aber auch einen Teil unserer Lebensenergie zurück.

Es lohnt sich deshalb, langsamer zu werden und zu spüren: Zu welchem Bedürfnis zieht es eine pädagogische Fachkraft hin? Bei welchem ist sie berührt? Dann kann sie sich sicher sein, dass das der Punkt ist, von dem aus sie sprechen sollte und an dem sie gehört werden wird. Denn auch hier gilt: Um etwas zu erreichen, ist es wichtig, etwas zu reichen. Gerade an diesem Punkt der inneren Bewegung und Berührung entspringen auch Sicherheit und Kraft. Zu erkennen, was sie in einer Situation braucht, ist für eine pädagogische Fachkraft die Basis, die ihr Standfestigkeit verleiht und ihre Professionalität unterstreicht. Es ist also hilfreich, bereits vor dem Gespräch einen solchen klaren, sicheren Ort in sich finden, um sich dann mit den Eltern in einen Dialog zu begeben.[48]

Wenn also Lydia den Vater anruft und dessen ausweichende oder abweisende Reaktion hört, wird sie in der Lage sein, zuzuhören und zu verstehen, wovon er spricht. Wichtig ist dabei, immer wieder die Bedürfnisse zu benennen, die in diesem Zusammenhang anklingen:

- Der Vater ist vielleicht beruflich in einer angespannten Situation und will dazu beitragen, seinen Arbeitsauftrag professionell zu erfüllen.
- Er will darin wahrgenommen werden, wie anstrengend es für ihn ist, Beruf und Familie zu vereinbaren, und in welcher Zwickmühle er sich oft befindet.

---

48 Vgl. die Übung zur authentischen Selbstmitteilung in Kapitel 3, Seite 77.

- Er ist sich unsicher, welche Konsequenzen es für ihn hat, wenn er wegen der Krankheit des Kindes ausfällt, und er wäre so gern sicher, dass es auch am Arbeitsplatz ein Entgegenkommen für ihn gibt.
- Er braucht Verständnis dafür, dass er nicht leichtfertig handelt, sondern es für ihn tatsächlich eine schwierige Situation ist.

Wenn Lydia den Vater eines erkrankten Kindes anruft, dann ist es wohltuend für ihn, solche oder ähnliche Sätze von der Erzieherin zu hören. Das Gespräch wird gewiss ruhiger und langsamer werden, frontale Positionen weichen auf und stehen nicht mehr schroff gegeneinander. Der Vater wird sich entspannen, weil er verstanden wurde.

Auch in dieser schwierigen Situation gibt es zwischen Eltern und pädagogischen Fachkräften eine Brücke: die (gemeinsamen) Bedürfnisse. Bei genauer Betrachtung fällt auf, dass die Eltern sehr ähnliche Dinge brauchen wie die Erzieher*innen. Auf dieser Basis entsteht eine Verbindung. Eltern werden bereit sein zu hören, was den*die Erzieher*in ihres Kindes bewegt. Es geht dann nicht mehr darum, dass eine Seite gewinnt und die andere sich unterordnet. Durch den Blick auf die Bedürfnisse beider Seiten kann die für diesen Moment beste Lösung gefunden werden.

Durch einen derartigen Austausch der verschiedenen Landkarten werden oft vorher nicht in Betracht gezogene Möglichkeiten sichtbar. Den Eltern fällt möglicherweise ein, dass …

- sie ihren Auftrag im Homeoffice erledigen könnten;
- Verwandte, Freunde bzw. Bekannte an ihrer Stelle das Kind abholen könnten;
- sie einen „Babysitter" beauftragen könnten;
- sie andere Eltern, von denen einer zu Hause ist, bitten könnten, einzuspringen;
- das Kind sich noch eine gewisse Zeit in der Kita ausruht und die Eltern eher Schluss machen;
- die Eltern in erster Linie informiert werden sollen, dass das Kind sich nicht wohlfühlt. Es kann jedoch zunächst in der Kindertagesstätte bleiben, weil der Weg der Eltern einfach weit ist.

Solche Prozesse brauchen Zeit. Und es ist wichtig – auch im Interesse des kranken Kindes – sich diese Zeit einzuräumen und nicht unter Druck mit den Eltern reden zu wollen.

Ist ein Kind krank und sollen Eltern darüber informiert werden, ist es hilfreich, mit den Kolleg*innen zu klären: „Ich will mit den Eltern sprechen und dies nicht vor dem Kind. Wer kann in dieser Zeit die Betreuung für alle Kinder übernehmen, damit ich ungestört telefonieren kann?" Das gehört zur Professionalität und Fürsorge dazu, sich Raum für ein verbindendes Gespräch mit den Eltern zu schaffen.

Möglicherweise entwickeln Eltern und pädagogische Fachkräfte auch gemeinsam einen Notfallplan, wie in der Einrichtung reagiert werden kann, wenn Kinder krank werden. Hier geht es darum, das Kinderrecht auf ein gesundes Aufwachsen ernst zu nehmen. Jenseits von Krankheitsfällen können Eltern und pädagogische Fachkräfte gemeinsam überlegen, was jede Seite für sich und beide gemeinsam tun können, um für die Gesundheit der Kinder (und der Fachkräfte) zu sorgen. Dabei öffnet sich ein weites Themenfeld für den Dialog: von der Ernährung und der Kleidung über Bewegung, Sport und den Aufenthalt an der frischen Luft, ausreichend Schlaf und genug Zeit für Ruhe und Entspannung bis hin zu guten Beziehungen.

5.6 Nähe und Distanz gut im Griff

Sich in vielen Situationen des Alltags offenherzig und einfühlsam gegenüber Eltern zu zeigen und zu handeln kann von pädagogischen Fachkräften als anstrengend und kraftraubend erlebt werden. Es braucht Zeit zur Reflexion und Freundlichkeit mit sich selbst, Zeit, um immer wieder über den eigenen Schatten zu springen und sich der eigenen Begrenzungen bewusst zu werden. Zeit, die oft extra freigeschaufelt werden muss. Auch das verlangt Bereitschaft und Mühe – von Ihnen als pädagogische Fachkraft und von Ihrem Team. Ein guter Kontakt mit Eltern wird auf jeden Fall durch einen guten Kontakt im Team und den Zusammenhalt der Kolleg*innen gestützt. Dort entwickeln Sie als pädagogische Fachkräfte eine Kommunikationskultur, die sie auch mit den Eltern leben.

Gleichwohl: Manchmal mag alles wie ein aussichtsloser Machtkampf scheinen. Eltern wirken wie unberührbar und fest in ihren Positionen, nicht nur beim Thema „kranke Kinder". Auf der Macht-Wippe fühlen sich Erzieher*innen in solchen Situationen wie Verlierer*innen: „Ich tue doch alles, was in meiner Macht liegt, um mit den Eltern in Kontakt zu kommen. Ich bin mit meinem Latein am Ende. Ich weiß nicht weiter."

Um wieder miteinander in eine Balance und auf Augenhöhe zu kommen, bietet die GFK als einen Weg an, den Eltern zuzuhören. Die pädagogischen Fachkräfte benennen die Bedürfnisse der Eltern, die sie im Gespräch verstanden haben, und geben sie wieder – als eine Brücke zu mehr gegenseitigem Verständnis. Ein anderer Weg besteht darin, sich den Eltern mit der eigenen Situation mitzuteilen. Als dritten Weg schließlich schlägt die GFK vor, sich mit sich selbst zu verbinden, sich Selbst-Mitgefühl zu geben (siehe „Baum des Lebens, Seite 32).

In diesem Zusammenhang denke ich an die Beziehung zu Eltern, die aus anderen Kulturen nach Deutschland gekommen sind. In ihren Herkunftsländern herrscht häufig die Vorstellung, die Pädagog*innen seien allein für den Bildungserfolg der Kinder zuständig. Entsprechende Erwartungen tragen die Mütter und Väter dann an die Erzieher*innen in der Kindertagesstätte heran: „Mach mal!", sagen sie und wünschen, dass ihr Kind allein in der Kindertagesstätte die Sprache lernt und zu rechnen beginnt, die Schuhe binden kann und mit der Schere zu schneiden vermag usw. Dabei ist nachgewiesen, dass der familiäre Einfluss für die spätere schulische Entwicklung des Kindes im Vergleich zur Kindertagesstätte zwei- bis dreimal größer ist. Es ist deshalb wichtig, dass pädagogische Fachkräfte Eltern motivieren und unterstützen, ihr Kind zu fördern, und dass sie die Familie als einen wichtigen Bildungsort anerkennen und nutzen.

In diesem Zusammenhang sei noch einmal auf den Bedürfniskompass (siehe Seite 112 ff.) verwiesen, der in Kapitel 3 als Modell für die Beziehung mit den Kindern vorgestellt wurde. Auch Erwachsene nutzen diese vier Richtungen der Selbstbehauptung, um Scham zu vermeiden.

Oft sehen sich Eltern in die Rollen „Ich bin schuld" und „Ich bin machtlos" gedrängt. Pädagogische Fachkräfte zeigen hier in der Regel viel Verständnis. So gut das gemeint ist – in gewissem Sinne werden die Eltern so jedoch in ihrer Position noch bestätigt. Die Balance auf der Macht-Wippe lässt sich eher durch eine authentische Mitteilung der Fachkräfte wiederherstellen. Sie erhöhen oder erniedrigen sich nicht, halten sich nicht für besser oder schlechter, sondern reichen den Eltern auf Augenhöhe die Hand. Sie betonen, über welche Kompetenzen die Eltern verfügen, und unterstreichen ihren Einfluss sowie ihre Bedeutung für die Entwicklung der Kinder. Das könnte sich etwa folgendermaßen anhören:

- „Ich brauche Sie. Sie sind eine wichtige Orientierung für Ihr Kind."
- „Ohne Ihre Unterstützung in der Familie ist das, was wir hier in der Kindertagesstätte tun, weniger wirksam."
- „Sie kennen Ihr Kind am besten. Können Sie mir helfen, einen Zugang zu ihm zu finden?"

Sich abhängig und bedürftig zu zeigen mag im ersten Moment wie eine Schwäche wirken. Aber pädagogische Fachkräfte sind abhängig und schaffen die Arbeit nicht allein. Sie brauchen die Eltern. Deshalb liegt gerade in diesem Eingeständnis und ihrer Offenheit auch ihre Stärke. Sie geben den Eltern eine Würde und einen Wert (den sie sich mitunter selbst gar nicht zugestehen) und zeigen ihnen, wo und wie sie einen Beitrag leisten können.

Kommunikation lässt sich auch als Tanz beschreiben. Ein Wechsel zwischen Führen und Geführt-Werden, zwischen Senden und Empfangen, zwischen Zuhören und

Sich-authentisch-Mitteilen. Stellen Sie sich die Röhren zwischen A und B, von denen weiter vorn die Rede war (Seite 157), wie eine liegende Acht vor. Beide Seiten sind miteinander verbunden und immer wieder geht es darum, diese Verbundenheit zu leben. In der Kommunikation mit den Eltern in der Kindertagesstätte tragen die pädagogischen Fachkräfte dafür die Verantwortung.

„Wieso muss immer *ich* auf die Eltern zugehen?", fragen sich vielleicht Erzieher*innen, wenn sie anstrengende Zeiten in ihrer Einrichtung durchleben und der eigene Bedürfnisbecher sich leert. „Wieso kommen nicht die Eltern uns entgegen?" Eigentlich fragen sie: „Wieso können sie sich nicht einfach mal so verhalten, wie wir es gerne hätten?" Sie wollen etwas festhalten, das nicht festzuhalten ist. Das Leben. Sie vergessen ihren Auftrag: gemeinsam mit den Eltern die Kinder zu bilden, zu erziehen und zu betreuen. Zugleich übersehen sie, dass die meisten Eltern sehr viel mit ihnen kooperieren und sie unterstützen. Selbst beim Thema Krankheit. Viele Eltern sehen die Bedürfnisse ihrer Kinder und haben großes Verständnis für die Anliegen der Erzieher*innen. Mehr noch: Oft bieten Eltern auch an, dass sie ihr Kind nicht in die Kindertagesstätte bringen, wenn sie merken, dass in der Einrichtung Personal fehlt und schwierige Situationen zu überbrücken sind. Die Frage ist: Schau ich, ob das Glas halb voll oder halb leer ist? Gehe ich festgelegt und starr in ein Gespräch? Oder lasse ich genügend Spielraum, damit mein Gegenüber sich zeigen und Wahlfreiheit erleben kann?

Mitunter haben Erzieher*innen sehr klare Vorstellungen davon, was angesichts von Entwicklungsbesonderheiten oder der Verhaltensoriginalität eines Kindes zu tun ist. Natürlich können sie oft auf eine enorme Berufserfahrung zurückgreifen. Für mich immer imponierend, wenn ich versuche hochzurechnen, wie viele Kinder Erzieher*innen mit zehn, 20, 30 oder 40 Jahren Berufserfahrung in dieser Zeit, begleitet haben. Da kommen schnell 100, 200, 500 und viel mehr Mädchen und Jungen zusammen! Mit diesen Zahlen ist ein großes Wissen über Pädagogik und Entwicklungspsychologie sowie über mögliche Interventionen und das Hilfesystem verbunden. Deshalb meinen die Fachkräfte mitunter, den Eltern ihre Ideen und Vorschläge unterbreiten zu können und zu müssen und sind sauer, wenn die Eltern diese nicht aufgreifen.

Was sie übersehen: Ihre Ideen und Vorschläge gehen häufig an der Realität und den Möglichkeiten der Familien vorbei. Mit bester Absicht treten sie den Eltern zu nahe und überschreiten eine Grenze. Weise schrieb dazu der polnische Kinderarzt und Pädagoge Janusz Korczak: „Wie kann ich wissen, wie eine mir fremde Mutter ein für mich fremdes Kind in einer mir fremden Situation erziehen soll?"

Nehmen wir an, einer pädagogischen Fachkraft fällt auf, dass ein vierjähriges Kind einen viel kleineren Wortschatz hat als die gleichaltrigen Kinder in der Einrichtung. Außerdem verwechselt es Buchstaben. Für sie steht fest: Das Kind hat eine

Entwicklungsverzögerung in diesem Bereich. Deshalb bittet sie die Eltern, mit ihrem Kind zum Logopäden zu gehen. Als sie einige Zeit später nachfragt, ob sich die Eltern ein entsprechendes Rezept besorgt haben, ist die Mutter verwundert und versteht gar nicht, wovon die Fachkraft spricht. Über ähnliche Erfahrungen berichten Erzieher*innen bei anderen Themen. Dabei gilt: Gesagt heißt nicht gehört.

Gehört heißt nicht verstanden. Verstanden heißt nicht einverstanden.

Eine Fachkraft, die zu ihrer Lieblingsstrategie greifen möchte oder von ihrem Vorschlag felsenfest überzeugt ist, sollte sich vor einem Gespräch mit den Eltern am besten noch einmal hinterfragen. Verabsolutierungen verhindern nämlich den Kontakt. Wichtig ist hier der Abstand – auch zwischen dem eigenen Vorschlag und der erwarteten Handlung der Eltern. Auch der Logotherapeut und Psychiater Viktor E. Frankl unterstreicht die Notwendigkeit eines Zwischenraums: „In diesem Raum haben wir die Freiheit und die Macht, unsere Reaktion zu wählen. In unserer Reaktion liegen unser Wachstum und unsere Freiheit."

Gerade deshalb ist es empfehlenswert, das Bedürfnis in den Mittelpunkt zu rücken. Worum geht es? Im oben genannten Fall um die Förderung des Kindes, die Ausprägung seiner Individualität, darum, ihm auch seinen Platz in der Gruppe zu geben. Dafür ist es gut, es in seiner sprachlichen Entwicklung zu fördern. Der Vorschlag der Fachkraft lautet, sich Unterstützung durch Logopädie zu holen. Gleichwohl sind viele andere Wege möglich. Wenn man sich zu schnell von einer einzigen Strategie „verführen" lässt, bleiben alle anderen Wege eher versperrt. Auch hier ist die Haltung der GFK sehr hilfreich, um zu überprüfen:

- Ist das die passende Strategie für das Kind und die Familie?
- Sind Sie mit der Familie bereits im Gespräch über die Situation und haben Sie und die Eltern sich über Ihre (vielleicht auch verschiedenen) Beobachtungen über das Kind in der Familie und in der Kindertagesstätte ausgetauscht?
- Hat die Familie verstanden, warum Sie diesen Vorschlag unterbreiten?
- Haben Sie ausreichend erklärt, warum Sie dies vorschlagen?
- Welchem Bedürfnis dient der Vorschlag? Können Sie dieses Bedürfnis in den Mittelpunkt rücken und sich von dort aus mit der Familie verständigen? Ist der Familie dieses Bedürfnis ebenso wichtig wie Ihnen?
- Ist der geäußerte Vorschlag der einzige Weg, das Bedürfnis zu erfüllen?
- Welche anderen Strategien sind möglich? Welche fallen der Familie und dem Kind ein?
- Können Sie sich das Bedürfnis auch erfüllen, indem sie Ihr Angebot in Ihrer Arbeit verändern oder das Spektrum der Kindertagesstätte erweitern?
- Wie schätzen die anderen Kolleg*innen das Vorgehen ein und welche Rückmeldungen können sie Ihnen geben?

In diesem Sinne kann auch der Widerstand der Eltern ein Zeichen für Sie als Fachkraft oder Ihr Team sein, neu über die eigene Arbeit und die Ausgestaltung der Kindertagesstätte nachzudenken. Das heißt keinesfalls, dass pädagogische Fachkräfte grenzenlos da sein und für alles Verständnis haben sollten. Als Menschen kommen auch Sie an Ihr Limit – und das sollten Sie auch zeigen.

So umfangreich der Auftrag für Sie als pädagogische Fachkräfte auch ist, er ist begrenzt. Dazu gehört, dass Sie die Kinder **familienergänzend** begleiten. Eltern obliegt die Erziehungs- und Hauptverantwortung für ihr Kind, die Fachkräfte sind zu bestimmten vereinbarten Betreuungszeiten zuständig. Diese sind verbindlich geregelt und deshalb einzuhalten. Damit können Fachkräfte auch deutlich auf bestimmte **Zeiten** verweisen und auf ihrem Recht auf Freizeit bestehen. Eine Begegnung außerhalb der Kindertagesstätte könnte etwa so aussehen: „Ich freue mich, euch zu sehen. Schön. Morgen verbringen wir wieder unseren Tag miteinander. Jetzt habe ich Freizeit und möchte gern mit meiner Familie zusammen sein. Können wir uns bis morgen verabschieden?"

Es gibt aber auch eine **thematische Begrenzung**. Es geht um die Bildung, Erziehung und Betreuung der Kinder. Das Verbindende in der Beziehung zwischen pädagogischen Fachkräften und Eltern ist das Wohl des Kindes. In der bereits erwähnten Befragung des DJI (Kalicki 2018) über die Beziehung zwischen Eltern und pädagogischen Fachkräften stellte sich heraus: Eltern wehren diese Beziehung ab, wenn sie ihre Erziehungskompetenz infrage gestellt sehen. Und auch hier zeigen sich Grenzen. Es gehört z. B. nicht zu den Aufgaben pädagogischer Fachkräfte, Familien-, Erziehungs- und Paarberatung durchzuführen, ebenso wenig wie Kranken- und Urlaubsbetreuung. Deshalb sind pädagogische Fachkräfte auch aufgefordert, ihre Grenze zu spüren und zu setzen.

Manchmal ist es notwendig, für die Konzeption der Einrichtung deutlich einzutreten. Doch bei jedem Nein, das hier vielleicht fällt, gilt es aufzuzeigen, wozu man Ja sagt: „Ich höre, was Ihnen wichtig ist. In unserer Einrichtung haben wir uns darauf geeinigt, ... Wie geht es Ihnen damit?" Oder: „Sie werden einen guten Grund für Ihren Vorschlag haben. Uns ist Folgendes wichtig ... Was halten Sie davon?"

Grenzen markieren, selbst für gute Arbeitsbedingungen und das eigene Wohlbefinden sorgen – auch das gehört zum professionellen Handeln. Und das heißt eben nicht, sich zu unterwerfen, Selbstverzicht zu üben bzw. zu rebellieren und dem anderen seine Meinung aufzuzwingen (vgl. Kapitel 2, Seite 31 ff.). Professionell zu sein kann auch bedeuten, sich nötigenfalls den Eltern deutlich mitzuteilen: Erinnern wir uns z. B. an Cornelia (Kapitel 2, Seite 25), die den Vater bittet, sich vor dem Gruppenraum von seinem Kind zu verabschieden.

Es kann auch heißen, dass pädagogische Fachkräfte Eltern stoppen, die laut werden, etwa so: „Da gibt es etwas, das Ihnen überhaupt nicht gefällt. Ich möchte Ihnen zuhören. Ich schlage vor, wir wechseln den Raum und den Ton. Sind Sie einverstanden?"

Oder auf Eltern mit einem großen Mitteilungsbedarf könnte man mit folgenden Worten reagieren: „Ich muss Sie unterbrechen. Sie haben mir viel mitzuteilen und ich schaffe es gerade nicht, Ihnen zuzuhören. Ich würde gern mit Ihnen über Themen sprechen, die Ihr Kind betreffen. Im Moment bin ich allein mit der Gruppe und möchte meine Aufgabe erfüllen. Können Sie mein Anliegen verstehen?"

Hier zeigt sich für mich wieder das Magische wie auch das Herausfordernde an der GFK: Ich werde gehört werden, wenn ich mit meinem Bedürfnis verbunden bin. Jeder Zweifel an mir selbst oder jede Form der Angst vor dem Gegenüber schwächen das Gewicht meiner Aussage. Deshalb ist es so wichtig, immer wieder für eine gute Verbindung mit mir selbst zu sorgen, wenn es sein muss, mitten im Gespräch, etwa mithilfe eines ruhigen, tiefen Atemzugs. Dazu kann ich innerlich wie ein Mantra das Bedürfnis nennen, auf das ich mich ausrichte: „Ich will gehört werden!" Ich lasse zu, dass sich mein Körper in dieser Intention entspannt, und dann sollte die Verbindung klappen.

Manchmal, wenn der Schmerz oder die Belastung zu groß sind, bleibt nur die Möglichkeit, gewaltfrei zu schreien. Es ist dann nicht möglich, eine Brücke zu bauen. Manchmal reicht die Kraft einfach nicht, sich selbst und die anderen zu verstehen, und dann ist Abbruch der bessere Weg zu einer neuen Verbindung. Wichtig ist jedoch, dass man die Verantwortung übernimmt und sich eingesteht, dass hier die eigenen Grenzen erreicht sind. Nicht die andere Person ist schuldig! Zugleich sollte immer die Perspektive einer Neubegegnung eröffnet werden – der in dieser Situation möglichen Form von Verbindung, etwa so: „Stopp. Ich kann nicht mehr. Für mich ist jetzt eine Grenze erreicht und ich möchte das Gespräch an dieser Stelle abbrechen. Mir ist Verbindung sehr wichtig, aber die kann ich im Moment nicht zu Ihnen herstellen. Ich muss mich erst mal wieder mit mir selbst verbinden und zu Kräften kommen. Ich bitte Sie deshalb, jetzt zu gehen. Ich verspreche Ihnen, ich komme auf Sie zu, wenn ich mehr Kraft habe. Ich denke, in der nächsten Woche. Einverstanden?"

Meiner Meinung nach dürfen Sie sich als pädagogische Fachkräfte nicht nur in dieser Weise authentisch gegenüber den Eltern zeigen. Ich bin davon überzeugt: Es wertet Sie selbst und Ihren Beruf auf. Denn so wird sichtbar: Hier agiert eine Berufsgruppe, die weiß, was sie braucht und wovon sie spricht.

5.7 Soweit die Verbindung trägt – und Einladung zur Kooperation

Gegenwärtig wird das System der Kinderbetreuung quantitativ weiter ausgebaut: Es werden mehr Plätze und längere Öffnungszeiten eingerichtet. Gleichzeitig herrscht ein enormer Fachkräftemangel. Auch wenn ein Gute-Kita-Gesetz verabschiedet wurde und mehr Mittel von der Bundesregierung, den Ländern und den Kommunen für Kindertagesstätten bereitgestellt werden, hinken die Rahmenbedingungen hinter steigenden Anforderungen her. Es besteht die Gefahr, dass die Qualität der Einrichtungen auf der Strecke bleibt. An dieser Stelle sind Fachkräfte und Eltern natürliche Verbündete. Die Eltern wünschen sich eine gute Bildung, Erziehung und Betreuung für ihre Kinder. Dazu sind gute Bedingungen für die Arbeit der pädagogischen Fachkräfte nötig.

Es lohnt sich, im Team und mit den Eltern zu diskutieren:

- Wo sind die Eltern an der Seite der pädagogischen Fachkräfte und wo ärgern sie sich über die Kindertagesstätte, worüber beschweren sie sich?
- An welchen Punkten ärgern sich die Fachkräfte über die Eltern und wünschen sich eine andere Zusammenarbeit?
- Welche Bedürfnisse werden berührt?
- Wie würden sich Fachkräfte und Eltern die Bedingungen und das Zusammenwirken in einer idealen Kindertagesstätte wünschen? Welche Möglichkeiten ergeben sich, wenn die Bedürfnisse in ihrer Fülle gelebt werden können?
- Welche Schritte für die Zusammenarbeit und die weitere Entwicklung der Kindertagesstätten folgen daraus?
- Was wollen die Fachkräfte umsetzen und was die Eltern?

ÜBUNGEN: Vom Urteil zum Bedürfnis

Oft haben wir Urteile und Vorstellungen darüber, wie andere Menschen sein sollten und weshalb wir sie, so wie sie sind, nicht mögen. Das trifft auch auf das Verhältnis von pädagogischen Fachkräften und Eltern zu. Es lohnt sich, sich dieser Urteile und Vorstellungen bewusst zu werden.

Schreiben Sie all jene Wertungen und Feststellungen auf, die Sie häufig im Kontakt mit Eltern bewegen. Es geht keinesfalls darum, mit diesen Gedanken den Eltern zu begegnen und sie ihnen mitzuteilen! Vielmehr hilft es wahrzunehmen, dass diese Urteile da sind und leicht die Verbindung stören. Dann können sie aufgelöst werden. Beispiele:

- „Ich mag Eltern nicht, die zum Ausflug zu spät kommen."
- „Ich mag Eltern nicht, die es auch nach geglückter Eingewöhnung nicht schaffen, sich von ihrem Kind an der Tür zu verabschieden."

Sammeln Sie alle Urteile, die Ihnen durch den Kopf schwirren.

____

____

Fragen Sie sich anschließend: Welches Bedürfnis ist durch dieses Verhalten nicht erfüllt? Was brauchen Sie, um sich wohlzufühlen?

____

____

- Das können z. B. die Bedürfnisse nach Verlässlichkeit (Wir wollen pünktlich zum Ausflug starten), nach Gemeinsamkeit (Wir wollen alle zusammen den Ausflug beginnen) oder nach Gelassenheit (Ich will gemütlich und in aller Ruhe mit den Kindern aufbrechen) sein.
- Beim zweiten Beispiel können die Bedürfnisse nach Klarheit (Wer ist wann verantwortlich?), nach Zutrauen und Empowerment (Das Kind schafft es ohne die Eltern, sich in der Gruppe zu orientieren) oder Vertrauen (Die Eltern sind sich sicher, dass das Kind gut in der KiTa betreut ist) berührt sein.

Erstellen Sie Ihre eigene Liste mit Urteilen und ermitteln Sie anschließend die unterfüllten Bedürfnisse:

Urteile	**unerfüllte Bedürfnisse**

Wenn Sie wissen, welches Bedürfnis im Kontakt mit den Eltern eine Rolle spielt, treten sie mit seiner Schönheit in Kontakt.

Wie ist es, die Energie dieses Bedürfnisses zu spüren?

Wie schauen Sie jetzt auf diesen Menschen, den Sie eben noch verurteilt haben?

Indem Sie Ihre eigenen unerfüllten Bedürfnisse auf diese Weise beachten, gelingt es Ihnen mehr und mehr, in einer Haltung der Wertschätzung anzukommen. Es wird Ihnen leichter fallen, sich und anderen Menschen freundlich zu begegnen, statt über sie zu urteilen.

ÜBUNG: Kurze Selbstempathie

Diese Übung zielt in dieselbe Richtung wie die vorhergehende. Hier müssen Sie jedoch nichts schreiben, sondern können üben, mitten in einer Situation die eigene Ausrichtung zu verändern und sich mehr auf Annahme und Akzeptanz einzustellen. Wichtig ist dafür vor allem eines: Sich selbst zu stoppen und wahrzunehmen.

Stellen Sie sich vor, Sie begegnen Eltern und haben sofort Urteile im Kopf, wie: „Wieder haben die dem Kind die süße Milchschnitte in die Brotbüchse gegeben statt Vollkornbrot und Obst."

Nehmen Sie wahr, wie Ihr Körper auf diesen Gedanken reagiert. Welche Empfindungen und Gefühle können Sie spüren?

Unterbrechen Sie diesen Gedankenstrom und besinnen sich, was Ihnen wichtig ist, z. B.: „Mir sind eine gesunde Ernährung und das Wohlbefinden der Kinder wichtig, und ich will mit diesem Anliegen auch von den Eltern gehört zu werden!"

Sprechen Sie innerlich dieses Bedürfnis wie ein Mantra vor sich hin: „Gesunde Ernährung, Wohlbefinden, Gehört-Werden!"

Nehmen Sie die körperlichen und emotionalen Veränderungen wahr. Können Sie spüren, dass Sie weicher und offener werden?

Aus dieser Position heraus können Sie mit den Eltern in Kontakt treten.

ÜBUNG: Die gute Absicht hinter einem unakzeptablen Verhalten finden

In einer Konfliktsituation die Verbindung zu sich selbst zu halten und den Kontakt mit den Eltern zu finden ist eine große Herausforderung. Deshalb ist es hilfreich, in ungeklärten Situationen die Beziehung zu reflektieren und die Bedürfnisse beider Seiten zu sehen. Dabei hilft diese Übung.

Denken Sie an einen Konflikt mit Eltern.

____

____

Sie wissen: Ihr Auftrag als pädagogische Fachkraft ist es, mit den Eltern in einen wertschätzenden, ressourcenorientierten Kontakt zu treten.

Welche Bedürfnisse haben Sie als Erzieher*in im Kontakt mit diesen Eltern?

___

___

Nehmen Sie sich ausreichend Zeit, das Bedürfnis hinter dem Bedürfnis zu finden.

___

___

Beispiel: „Ich will gesehen werden und hätte gern Wertschätzung für meine Arbeit. Wenn ich das habe, kann ich mehr entspannen, werde ruhiger. Dann ist es mir möglich, zu mehr Verständnis vorzudringen."

Auf diese Weise vertiefen Sie die Verbindung mit sich selbst und dringen zum Kern dessen vor, das Ihnen wirklich wichtig ist. Was bewegt Sie in Ihrem Herzen, wenn Sie an diese Beziehung denken? Oft ist es etwas Persönliches, etwas Verletzliches! Gelingt es Ihnen, sich für Ihre eigene Wahrheit zu öffnen? Wenn Sie damit in Kontakt treten, können Sie sich selbst als pädagogische Fachkraft stärken.

Nun nehmen Sie in Ihrer Vorstellung Kontakt zu den Eltern auf. Welche Bedürfnisse könnten sie haben?

___

___

Können Sie anerkennen, dass die Eltern das Beste tun, das ihnen möglich ist, auch wenn Sie die gewählten Strategien nicht mögen?

___

___

In manchen Situationen fällt es pädagogischen Fachkräften schwer, Verständnis und Wertschätzung für die Eltern zu entwickeln.

Überlegen Sie sich: Welche Bedürfnisse könnten erfüllt sein, wenn es Ihnen gelingen würde, einen guten Kontakt mit diesen Eltern zu pflegen?

Wie ginge es Ihnen selbst?

___

___

Nehmen Sie sich Zeit, gut für sich selbst zu sorgen, die lebendige Energie der Bedürfnisse zu spüren und wahrzunehmen, wie Sie sich fühlen?

Wie verändert sich dadurch möglicherweise der Kontakt?

Können Sie eine Veränderung in Ihrem Verhältnis zu den Eltern wahrnehmen? Wie fühlen Sie sich jetzt? Welche Bedürfnisse sind erfüllt?

____

____

Wie könnte dieser Reflexionsprozess im KiTa-Alltag Ihre Beziehung zu den Eltern verändern?

Welche Bedürfnisse wurden besonders berührt? Gibt es einen Weg, besser für diese Bedürfnisse zu sorgen?

Welche Einsichten haben Sie gewonnen?

____

____

ÜBUNG:
Forderungen oder: Wie kann ich die Realität des Gegenübers einbeziehen?

Mitunter erwarten pädagogische Fachkräfte von Eltern, dass sie bestimmte Erwartungen und Vorstellungen umsetzen, ohne deren Realität ausreichend einzubeziehen. Dann wird ein Vorschlag häufig als Forderungen wahrgenommen und sorgt entsprechend für Missverständnisse und Widerstand. Denn oft ist der Subtext: „Ich will das! Sie müssen das machen! Sonst müssen Sie oder Ihr Kind die Folgen tragen!“

Beispiele:

- „Sie müssen Ihr Kind vor dem Morgenkreis um 9 Uhr bringen.“
- „Sie müssen Windeln mitbringen.“

Damit keine Missverständnisse entstehen: Es ist natürlich berechtigt, die Eltern mit den Abläufen in der Kindertagesstätte vertraut zu machen und sie auch an ihren Beitrag für eine gute Betreuung zu erinnern. Gleichzeitig geht es aber darum, die Eltern einzubeziehen und ihre Realität zu sehen, um tatsächlich zu einer Beziehung auf Augenhöhe zu gelangen. Außerdem ist es notwendig, sich als pädagogische Fachkraft entsprechend professionell mitzuteilen.

Überlegen Sie: Wie geht es Ihnen, wenn Forderungen an Sie gerichtet werden oder Sie sich selbst unter ein festes Regime setzen? Erfüllen Sie die Forderungen? Wie hoch ist Ihre Bereitschaft, ihnen Folge zu leisten und mit wie viel Freude sind Sie dabei?

Wenn Sie die Forderung erfüllen, aus welchem Grund tun Sie das? Welches Bedürfnis erfüllen Sie sich?

Wie wirkt sich das auf die Beziehung zu den Menschen aus, die eine Forderung an Sie stellen? Wie nehmen Sie diese wahr?

Von da aus betrachtet: Wie können Sie sich an Eltern wenden, ohne Forderungen zu stellen? Wie ist es Ihnen möglich, deren Bedürfnisse wahrzunehmen und in Betracht zu ziehen, ohne Ihre eigenen zu vernachlässigen?

Ist es möglich, einen Raum zu schaffen zwischen dem, was Sie brauchen, und dem, was für die Eltern wichtig ist?

Welche Ideen finden Sie nun, für Ihrer beider Bedürfnisse zu sorgen?

Finden Sie darin auch Impulse, wie die Kindertagesstätte sich weiterentwickeln kann?

---

6. Willkommen in der gewaltfreien Kindertagesstätte. Eine Vision

„Wenn wir uns darüber bewusst sind,
dass wir alle Teil ein und derselben Energie sind,
dass wir also alle eins sind,
dann kann keines unserer Bedürfnisse jemals erfüllt sein,
ohne dass dieses Bedürfnis auch bei allen anderen Menschen erfüllt ist.“

(Marshall B. Rosenberg 2004a, S. 130 f.)

In meiner Vision einer Kindertagesstätte der Zukunft sehe ich die Kinder in ihrer Lebendigkeit strahlen. Sie erfreuen sich ihres Daseins und drücken das aus: im konzentrierten Spiel, mit Wildheit und Lachen, im stillen Staunen oder – wenn es sein muss – mit Weinen oder in einer unbändigen Wut. Alle Gefühle, die zum Menschensein dazugehören, finden Raum und dürfen sein. Doch keine Angst: All das führt nicht in ein Chaos des Gegeneinanders und Besser-Sein-Wollens und der Getrenntheit, wie es heute oft zu erleben ist. Vielmehr ist es eine spielerische Lebendigkeit, die diese Kindertagesstätte atmet. Eine Lebendigkeit, die von Fürsorge, Frieden und Verbindung getragen ist. Auch wenn es mal Streit und Auseinandersetzungen gibt: Immer wieder finden Kinder und Erwachsene und die Erwachsenen untereinander in Frieden, Gelassenheit und Freude und in die Verbundenheit zurück.

6.1 Freude am Zusammensein und gemeinsamen Lernen

In dieser Grundstimmung lernen die Kinder leicht und froh. Zunächst erobern sie sich ihre KiTa-Welt. Die Räume sind wie eine offene, wandelbare Landschaft, warm, bergend und herausfordernd zugleich.

Bei der Ausgestaltung des ganzen Hauses und des Gartens nehmen die Fachkräfte eine Haltung der Empathie für die Kinder ein: Wie müssen die Räume sein, dass ihre Seelen einen Platz finden und sich entfalten können? Welche Farben sprechen sie an? Welche Gerüche, Klänge, welche Materialien laden sie ein, eigene Erfahrungen zu machen? Wie würden sich Kinder hier bewegen? Wonach sollen sie greifen? Was wollen sie wohl begreifen? Wie werden wir ihrer Größe (der innerlichen, der körperlichen und dem Alter) und ihrer Verletzlichkeit gerecht? Und wie nachhaltig wurden die Dinge hergestellt und wie nachhaltig werden sie verwendet?

Von solchen Überlegungen her denken die pädagogischen Fachkräfte die Kindertagesstätte, nicht von den Abläufen und den Strukturen her, denen sich Kinder oder Erwachsene unterordnen sollten.

Die Kinder saugen mit allen Poren auf, was es zu entdecken und zu lernen gibt, und fühlen sich dafür verantwortlich: Das ist unsere Welt. Die wollen wir bewahren! Mit ihren Impulsen bestimmen sie weitestgehend ihren eigenen Alltag: Bin ich hungrig oder durstig? Will ich spielen oder schlafen, allein oder mit anderen, drinnen oder draußen sein? Mit diesen Entscheidungen finden sie ihren eigenen Rhythmus zwischen Aktion und Entspannung. Jedes Kind wird als Persönlichkeit mit eigenen Rechten und Bedürfnissen gesehen und findet sich bereitwillig in den Rhythmus der Gemeinschaft von Kindern und Erwachsenen ein und findet so in einen Zustand des entspannten Seins zurück. Gerade weil jedes Kind ausreichend und mit seinen Bedürfnissen (diese wahrzunehmen verlangt nicht, dass sie erfüllt werden müssen) gesehen wird, beherrschen keine kleinen Egoisten den Kindergarten. Vielmehr lassen sich die Kinder von der Klarheit und Fürsorge der pädagogischen Fachkräfte führen, die die Kindergruppe als eine lernende Gemeinschaft betrachten. Die Kinder und die Erwachsenen sind untereinander und aufeinander bezogen, sie achten einander. In einer solchen Umgebung können alle aufblühen: Kinder, pädagogische Fachkräfte und alle anderen Beteiligten.

In der Kindertagesstätte, von der ich träume, genießen die Kinder ihren Freiraum für sich und sie fühlen sich sicher in der Gemeinschaft mit den anderen. So finden sie immer beide Pole, die sie so dringend zum Aufwachsen brauchen: Geborgenheit und Zugehörigkeit sowie Lerngelegenheiten für ihren autonomen Ausdruck. Sie müssen sich nicht mehr für die eine oder andere Seite entscheiden.

Sie lernen, indem sie immer wieder an die Grenzen ihres bisherigen Könnens und Wissens geraten und diese mutig überschreiten. Dabei kooperieren Kinder und Erwachsene als gleichwürdige Menschen. Die Erwachsenen übernehmen ihre Verantwortung und führende Rolle, indem sie den Kindern auf Augenhöhe begegnen. Die Kinder können sich darauf verlassen, dass die pädagogischen Fachkräfte sie gut be(ob)achten, sie mit ihren Themen kennen, diese aufgreifen, den Raum entsprechend erweitern und ihnen den angemessenen Platz in der Gruppe geben. Dadurch ist jedes Kind in der Gruppe gehalten und geachtet, und weil das so ist, wird es sich etwas (zu)trauen und etwas von sich zeigen, und das wird in jedem Fall auch der Gemeinschaft dienen.

6.2 Raum und Respekt auch für originelles Verhalten

In ihren ersten Lebensjahren lernen Kinder, sich in dieser Welt zu beheimaten und sie werden erst allmählich mit ihr vertraut. Dazu gehört auch, sich emotional zu regulieren. Mitunter kommt es zu weiten Ausschlägen im Spektrum der Gefühle und originellen Verhaltensäußerungen. Diese sind häufig herausfordernd und scheinbar unbegreiflich. In der Kindertagesstätte, wie ich sie mir erträume, können die Kinder dafür mit Verständnis und Unterstützung rechnen. Früh lernen sie zu den für sie selbst und für ihre Umwelt schwierigen Handlungsweisen Alternativen kennen, weil der tiefe Sinn ihres Tuns gesehen und nicht bewertet wird, weder als falsch noch als richtig. So müssen sich fatale Verhaltensmuster nicht erst ins Hirn einschreiben und Lebenswege prägen, wie es heute noch geschieht. Frühe Störungen manifestieren sich gar nicht erst. Jedes Kind fühlt sich angenommen, wie es ist, und wird begleitet mit allem, was es ausmacht. „Hier bin ich Mensch, hier darf ich sein!" Das ist die Grunderfahrung aller Kinder, gleich ob hoch- oder tief begabt, mit oder ohne Besonderheiten.

Auch wenn die pädagogischen Fachkräfte nicht immer neben den Mädchen und Jungen stehen: Sie beob-achten sie, sind präsent, emotional verfügbar und bereit, das Erleben der Kinder aufzunehmen und zu spiegeln. Die Kinder lernen so, ihre Gefühle wahrzunehmen und zu leben. Da mag in manchem Kind ein Wut-Vulkan brodeln und ihm anzeigen: „Ja, hier stimmt etwas für mich nicht." Oder bei Freude wird sich in ihm ein Prickeln und eine Lust zu hüpfen ausbreiten. Indem sie die Kraft aller Gefühle spüren, erkennen und benennen, können sie mehr und mehr verantwortlich für sich selbst und die anderen im Hier und Jetzt handeln – und tatsächlich ihre Welt gestalten. Die Kinder genießen, dass ihre Erfahrungen aufgenommen und bezeugt werden, und fühlen sich als Menschen bestärkt, bereits als Kinder einen wichtigen Beitrag in der Gesellschaft leisten zu können.

6.3 Ein Beruf für die Besten

In der Kindertagesstätte der Zukunft arbeiten selbstbewusste, warmherzige, kreative Menschen. Sehr schnell werden es mehr Männer sein, wenn auch die Gehälter steigen. Das wird passieren, wenn man nicht nur berechnet, welche Rendite die Investitionen in KiTas dem Staat über Jahrzehnte bringen. Vielmehr werden die Erkenntnisse als Maßstab für die Bezahlung der Fachkräfte zugrunde gelegt. Der Beruf wird aufgewertet und das Tarifsystem grundlegend auf den Kopf gestellt.

Dazu gehört, dass die Arbeitsbedingungen den Anforderungen gerecht werden: Gut bezahlte pädagogische Fachkräfte arbeiten, aus Respekt vor der Verletzlichkeit der Kinder, nur so viele Stunden, wie sie wirklich gut für sich selbst sorgen und im Alltag präsent sein können. Gleichzeitig wird ihnen mindestens ein Drittel der Arbeitszeit als Reflexionszeit gewährt. So können die Fachkräfte allein und im Team überlegen: „Was sagen uns die Beobachtungen über das Kind? Was braucht es? Was sehen die Kolleg*innen? Wie können wir unsere Angebote anpassen, wie unsere Zusammenarbeit entwickeln? Was sagen die Kinder und deren Eltern dazu?" Durch ein solches stetiges gemeinsames Nachdenken und Sprechen ist es möglich, dass sich jedes Kind angenommen fühlt, so wie es ist. Es findet seinen Weg zum Lernen und Wachsen für sich und in der Gruppe mit anderen Kindern, kann seine Eigenart ausprägen und sich gesund entwickeln. Für die Krankenkassen ist das das erfolgreichste Sparprogramm seit Jahrzehnten. Deshalb finanzieren sie Gesundheits- und Entspannungsprogramme für alle pädagogischen Fachkräfte. Auch das führt zu einer hohen Attraktivität des Berufes. Entsprechend groß ist der Andrang von Bewerber*innen.

In einer Kindertagesstätte zu arbeiten ist trotzdem nicht einfach ein Beruf. Wer hier tätig ist, muss dazu berufen sein. Und das sind nur die Besten: Menschen mit einer hohen sozial-emotionalen Kompetenz. Ob diese vorhanden ist, können Bewerber*innen in einem betreuten Praktikum vor Ausbildungs- oder Studienbeginn in einer Kindertagesstätte beweisen – und die Praktiker*innen sind es, die die Eignung bestätigen oder Nachreifung erbitten. Auch das fördert das Ansehen des Berufs. Die junge Generation begleiten zu dürfen – das ist dann eine der begehrtesten Tätigkeiten überhaupt. Ausbildungs- und Kindertagesstätten werden nicht mehr händeringend nach Bewerber*innen suchen müssen, sondern auswählen können, wer bei ihnen lernen und arbeiten darf.

6.4 Achtsam und geduldig

Die pädagogischen Fachkräfte verschiedenster Herkunftsberufe sind Expert*innen in wertfreier Beobachtung und in zugewandter, wertschätzender Kommunikation. Sie sehen das Kind und seine Familie und was diese brauchen. Sie sorgen im Team und im Gespräch mit den Eltern für die adäquate, entwicklungsfördernde Reaktion des Umfelds. Als Expert*innen für Bildung in der frühen Kindheit wissen sie, welches Abenteuer es für jedes Kind ist, neu in der Welt zu sein und diese mit allen Sinnen zu erobern. Dafür stellen sie ihre besten Kräfte zur Verfügung: Vertrauen, Zutrauen und (Zu-)Lassen. Sie sehen ihre Aufgabe vor allem darin, den Rahmen für die Entwicklung der Kinder zu schaffen und zu halten. In der Ausbildung haben sie sich ein zuverlässiges Gerüst zugelegt, vor allem an pädagogischen, psychologischen und kommunikativen Kenntnissen sowie an entsprechenden praktischen Fähigkeiten und Fertigkeiten. Dazu bringen sie eine enorme Bereitschaft zur Selbstreflexion, zum Lernen in der Gemeinschaft und die Fähigkeit zum Dialog mit. Sozial-emotionale Qualitäten wie Gelassenheit, Geduld, Achtsamkeit, Wertschätzung für jeden Menschen sind bei ihnen besonders ausgeprägt.

Diese zu leben verlangt Selbstfürsorge und entsprechend gehen die pädagogischen Fachkräfte auch annehmend und feinfühlig mit sich selbst um. Wenn sie über die Ausgestaltung der Kindertagesstätte nachdenken, reflektieren sie gleichzeitig ihr eigenes Aufwachsen und beleuchten blinde Flecken. Das ermöglicht es jeder Fachkraft, ihre eigene Persönlichkeit mit ihren besonderen Fähigkeiten und Fertigkeiten und auch Eigenheiten in ihrer Fülle und Vielschichtigkeit in ein Team einzubringen und im Miteinander zu leben. Zugleich sind sie auf lebendige Weise mit ihren Gefühlen und Bedürfnissen in den vielen verschiedenen Momenten des KiTa-Alltags verbunden. Sie nehmen wahr, ob und wie präsent sie sind, wann sie Gefahr laufen, ihre Offenheit zu verlieren, und wann sie Unterstützung brauchen.

Wie ein emotionales Barometer spüren sie, welche Stimmung im Raum herrscht. Mit ihrem reichen Repertoire an Freundlichkeit und Wohlwollen können sie sich selbst und die Kinder immer wieder in die Balance und zum Frieden führen. Auch im Team gibt es Absprachen dazu, wie die pädagogischen Fachkräfte sich allein oder mit Kolleg*innen regulieren und damit auch die Kinder in allen Situationen halten und begleiten können.

Bei aller Reflexion und Achtsamkeit: Jeder KiTa-Tag ist einzigartig und das Unerwartete, dass von einem Moment auf den anderen etwas ganz Neues passiert, gehört weiterhin zu diesem Beruf. Für die pädagogischen Fachkräfte heißt das, wie Wellenreiter diese Momente in bester Form zu nehmen und den Kopf oben zu behalten. Kolleg*innen spiegeln sich gegenseitig in Wertschätzung, wie sie verschiedene Interaktionen und Handlungen wahrnehmen, was sie schätzen und wo sie sich eine Ausdehnung vorstellen könnten. Und weil das so ist, herrscht im Team eine Lust und Bereitschaft, sich weiterzuentwickeln. Gemeinsam nutzen, erarbeiten und verbreiten pädagogische Fachkräfte Wissen und Können über die Bildung, Erziehung und Betreuung in den ersten Lebensjahren. Entsprechend verändern sie ihre Räume, ihre Zeiten und ihre Konstellation der Zusammenarbeit.

6.5 Konflikte werden gefeiert

Treffen Menschen mit ihren Wahrheiten aufeinander, prallen oftmals Welten aufeinander. Auch in der Kindertagesstätte der Zukunft wird das so sein, mit den Wahrheiten von Kindern, pädagogischen Fachkräften und Eltern. Die Kinder sowie die pädagogischen Fachkräfte erleben im Alltag das ganze Spektrum der Gefühle: Wut, Trauer, Freude, Angst und Scham. Sie nutzen die Kraft dieser Gefühle, um ihr Zusammensein zu gestalten. Jede*r übernimmt für sich die Verantwortung, kommuniziert, was sie / er fühlt und braucht. Jede*r wird gehört und gesehen. Konflikte im Team, mit den Kindern oder den Eltern werden so zu einer wichtigen Triebkraft für die Entwicklung der Kindertagesstätte und sogar gefeiert. Auseinandersetzungen über unterschiedliche Positionen sind nicht zerstörerisch, sondern bringen weiter. Und danach entsteht – wie Charly Chaplin es beschrieb – ein neues Universum.

Allem voran gilt das für die Zusammenarbeit im Team. Die Art und Weise, wie pädagogische Fachkräfte ihre Beziehungen zueinander gestalten, schafft ein Feld des Respekts und der Freundlichkeit, in dem sich Kinder (und auch Eltern) aufrichten und wachsen. Das ist kein harmonisches Nebeneinanderherleben. Vielmehr gilt es immer wieder, gegenseitige Akzeptanz und Wohlwollen herzustellen – auch ohne Freunde sein zu müssen. Vor allem pädagogische Ansichten und psychologisch-spirituelles Wissen wollen immer wieder geteilt, bestätigt und entwickelt werden. Die Teammitglieder unterstützen einander, mit alten Gewohnheiten und Glaubenssätzen zu brechen und neue Handlungsweisen zu kreieren. Dafür brauchen sie Zeit und Zeiten für ehrliche Gespräche und Auseinandersetzungen, für ein Feiern und Bedauern sowie Zeiten der Stille und des Spürens wie des frohen Zusammenseins. Ist das gegeben, dehnt sich das Feld der Freundlichkeit und des Lernens zwischen den Erwachsenen in der Kindertagesstätte weiter aus. Darin können sich Kinder entspannen und frei sein und tatsächlich ihren Fragen nachgehen.

6.6 Keimzelle eines besseren Miteinanders

Eine Kindertagesstätte – und manchmal auch ein Verbund mehrerer Einrichtungen, in dem die Fachkräfte miteinander lernen und wirken – ist Mittelpunkt in jedem Sozialraum und oft auch ein Treffpunkt für Menschen aller Generationen. Den jüngsten Kindern bietet die KiTa nach wie vor einen geschützten Raum. Dennoch wandelte er sich von einer Institution hinter Zäunen zu einer Einrichtung, in der die Kinder mit ihrem Lernen und kreativen Gestalten die Straßen, Plätze und öffentlichen Gebäude des Gemeinwesens bereichern und beleben. Wo Kinder mit vier, fünf oder sechs Jahren bereits mit ihren öffentlich sichtbaren Beiträgen die Gesellschaft bereichern – auf unerwartete Weise. Und so werden bereits in der Kindertagesstätte Dinge hergestellt und Erfindungen gemacht, die für die Gesellschaft bedeutsam sind. Ansätze hierfür erlebte ich bereits vor Jahren in einer Brandenburgischen KiTa: Wurmzucht für die angelnden Väter und Brüder. Oder die Fahrradwerkstatt, in der die Kinder selbst die platten Reifen ihrer Roller und Räder flicken und wichtige Lebenstechniken erwerben.

In der Kindertagesstätte der Zukunft hospitieren regelmäßig Lehrer*innen und Spezialist*innen aus anderen Bereichen. Sie sind neugierig, wie auf natürliche Weise individuelles Lernen in Gruppen gefördert wird und wie dabei die Fachleute ohne Lob und Strafen agieren. Berater*innen aus spezialisierten Fachzentren fragen vor einer Begleitung und Therapie stets in der Kindertagesstätte nach, weil sie auf die Wahrnehmungen aus der alltäglichen Begleitung der Kinder nicht verzichten wollen. Zugleich entwickeln sie Formen des gemeinsamen, abgestimmten Vorgehens – im Interesse der Kinder, der Familien und der Gemeinschaft.

Es versteht sich von selbst, dass in der Kindertagesstätte meiner Träume exzellente Rahmenbedingungen bestehen – so wie man sie braucht für einen sensiblen Umgang mit den Kindern, sich selbst und unserer Erde. Die in der Debatte um ein Bundesqualitätsgesetz für den Kindergarten ermittelten und wissenschaftlich begründeten Eckdaten (leider in der Realität nicht die Grundlage des Gute-Kita-Gesetzes von 2019) sind längst zu bundeseinheitlichen Standards geworden. Die Kindertagesstätten sind gesetzlich verpflichtet und werden unterstützt, diese Personalausstattung, Gruppengröße, Leitungszeit, Zeit für mittelbare pädagogische Arbeit und Fachberatung täglich zu gewährleisten. Und das gelingt jetzt auch in dem Land, in dem einst der Kindergarten erfunden wurde!

Wie Epizentren strahlen die Kindertagesstätten auf die Gesellschaft aus und geben eine Richtung vor zu mehr Mitmenschlichkeit und Fürsorge, füreinander und für die Welt. Die KiTas sind Orte, an denen gefragt (und vorgelebt) wird: Wie wollen wir in der Gesellschaft miteinander leben und wie unseren Planeten gestalten?

6.7 Eine Kindertagesstätte als Kür und Bereicherung für die Arbeitswelt

Eine Voraussetzung hierfür ist: Die Kinder bestimmen weitestgehend selbst, wann sie bereit sind (oder es dringend brauchen), längere Zeit in der Obhut anderer Menschen zu verbringen. Die Eltern beobachten genauer und achten auf Signale: „Hat unser Kind ausreichend Sicherheit, sodass es auch ruhig spielen kann, wenn wir nicht mehr im Nachbarzimmer sind? Interessiert es sich für andere Kinder?“ Gleichzeitig schauen sie, wie viel Zeit in der KiTa und welche Konstellationen ihrem Kind wirklich guttun. Es gibt keinen Mangel mehr an KiTa-Plätzen.

Wenn es noch eine Art Casting gibt, dann nur durch die Kinder: Sie entscheiden durch ihr Grabbeln und Lächeln, wer ihre Bezugspersonen sein sollen und in welcher Kindertagesstätte sie ihren Tag verbringen wollen. Und diese Evaluation der Kinder, so individuell sie auch ist, ist zum entscheidenden Motor für die Qualitätsentwicklung in den Einrichtungen geworden.

Geht ein Kind in eine Kindertagesstätte, werden die Eltern immer wieder eingeladen, an der Seite der pädagogischen Fachkräfte mitzuerleben, wie Kinder in jungen Jahren angesprochen und begleitet werden wollen, und sich inspirieren zu lassen.

Die Eltern wollen durchaus arbeiten, sie müssen es jedoch nicht mehr aus ökonomischem Druck oder Angst. So wünsche ich mir das Umfeld für die Kindertagesstätte der Zukunft. Finanziell ist für die Familie durch eine Grundsicherung gesorgt. Ihren Beruf auszuüben ist ihre Wahl. In den ersten Lebensmonaten eines Kindes bestehen jedoch Personalverantwortliche darauf, dass Mütter und Väter mehrere Monate Elternzeit nehmen (für alle Eltern vom Staat gleich bezahlt). In meinen Augen wäre wunderbar, wenn die Gemeinschaft Eltern hinsichtlich ihrer Arbeitszeiten entlasten würde. Dass sie z. B., solange ihre Kinder noch keine zehn Jahre alt sind, nicht mehr als sechs Stunden am Tag arbeiten müssten – bei vollem Lohn. Zu der gesellschaftlichen Akzeptanz der Leistung, die Eltern und pädagogische Fachkräfte in den frühen Jahren der Kinder vollbringen, gehört für mich dazu, auch Managern abzuverlangen, längere Zeit mit den eigenen Kindern zu verbringen oder für andere Menschen zu sorgen. Soziale Fürsorge als grundlegendes Schmiermittel für gutes Zusammenleben in einer Demokratie könnte so in allen Bereichen des Zusammenlebens verstanden und erfahren werden. Ich wünsche mir, dass Arbeitgeber*innen Eltern danach fragen, wie wohl sich ihre Sprösslinge in der Kindertagesstätte oder in der Krippe fühlen. Wenn sie das Vertrauen der Mütter und Väter für die Einrichtungen spüren, können sie darauf bauen, dass diese frei und unbelastet ihre Ideen und Fähigkeiten ins Unternehmen einbringen können.

Auf diese Weise sind Eltern entlastet und haben mehr Freiraum für sich und ihre Kinder. Auch das strahlt auf die KiTa zurück. Selbst bei verschiedenen Meinungen begegnen Eltern und pädagogische Fachkräfte einander mit Freundlichkeit, Wohlwollen und Ehrlichkeit. Es gibt keine Angst, Dinge anzusprechen. Eltern wie Erzieher*innen wissen: Es geht um das Beste fürs Kind, und sie sind sich des Wohlwollens der anderen Seite gewiss.

6.8 Alle Räder stehen still

Was könnte wesentlich zu einem solchen gesellschaftlichen Umdenken beigetragen haben? Ich stelle mir vor, dass alle Eltern in einer bundesweit abgestimmten Aktion während einer Tarifauseinandersetzung ihre Kinder mit zur Arbeit nehmen. Das ist für die Eltern dann keine einmalige Notmaßnahme und sie wollen ihren Kindern auch nicht zeigen, wo sie arbeiten. Vielmehr unterstützen sie die pädagogischen Fachkräfte bereitwillig und engagiert in ihren Forderungen nach einer höheren, angemesseneren Bezahlung und vor allem nach bundesweit gleichen, an wissenschaftlichen Erkenntnissen orientierten angemessenen Rahmenbedingungen in der Kindertagesstätte. Es genügt vermutlich, dass an zwei Tagen Lokführer*innen und Lehrer*innen, Architekt*innen und Ärzt*innen, Angestellte und Beamte morgens mit einem, zwei oder mehr Kindern im Kinderwagen oder an der Hand an ihren jeweiligen Arbeitsplätzen antreten und sich der Rhythmus dort ganz nach den Kindern richtet.

Schreibtische werden zu Wickelplätzen. Dienstbekleidung aller Art lädt zu Rollenspielen ein, Behördengänge werden mit Bausteinen bebaut und mit Farben kreativ verziert. Mehr als 2,5 Millionen Kinder unter sechs Jahren in Unternehmen und Betrieben, Krankenhäusern und Altenheimen, im öffentlichen Verkehrswesen und in den Supermärkten. So viel Freude, Kreativität und Lachen hat das Land noch nicht erlebt, auch wenn beinahe alle üblichen Abläufe stocken oder ganz über den Haufen geworfen werden.

Ich stelle mir vor: Noch in der Nacht vor dem dritten angekündigten Streiktag verständigen sich Arbeitgeberverbände und die Bundesregierung. Sie realisieren, dass hier die Grundfesten der Gesellschaft angesprochen und endlich beachtet werden sollten. Sie entdecken im Staatsetat eine Reserve, aus der sofort und verbindlich künftig jährlich 15 Milliarden Euro in die Kindertagesstätten des Landes fließen. Das ist diesmal kein kurzatmiges Gesetz mit werbewirksamem Titel, sondern es werden Tatsachen geschaffen mit unmittelbaren Wirkungen auf Personalschlüssel,

Leitungsfreistellung, Fachberatung und ausreichend Räumen. Und Beitragsfreiheit für die Eltern gibt es als Sahnehäubchen obendrauf.

So hat sich Fröbel vor 180 Jahren den Kindergarten gedacht: Als einen Spielraum, der aus der Institution in die Familien und die Gesellschaft hineinwirkt und überall ein lebendiges, wohlwollendes Miteinander erzeugt. „In allem, was das Kind tut, zeigt es sich als ein nach Bewusstsein strebendes Wesen. Es ist die Aufgabe der Kindergärten, das Kind zu einem solchen selbstbewussten Wesen zu erheben, das sich klar wird über des Menschen innerstes Wesen, über die Natur und sein Verhältnis zu andern … Beide, Familie und Kindergarten, sollen sich gegenseitig zur Ergänzung, aber auch zum Spiegel und Muster dienen, wie darum eben auch wieder jede Familie ein Kindergarten im Kleinen sein soll, wie an jedem gut gewachsenen Baum jeder Ast und jeder Zweig gleichsam wieder ein Baum im Kleinen ist."[49]

Noch ist vor allem das Umfeld für die Kindertagesstätte, wie ich sie mir erträume, nicht real. Bei vielen Elementen jedoch, die das Innenleben einer gewaltfreien KiTa beschreiben, ließ ich mich von dem inspirieren, was ich in Einrichtungen in diesem Land gesehen habe und sehe. Die Freundlichkeit, Offenheit und Bereitschaft vieler pädagogischer Fachkräfte inspirierten mich, diese Vision zu schreiben. Dafür danke ich sehr.

49 Aus einem Brief von Friedrich Fröbel, archiviert im „Berliner Nachlass" unter Nr. 235.

Literatur

Ahnert, L. (2010): *Wie viel Mutter braucht ein Kind? Bindung – Bildung – Betreuung: öffentlich und privat.* Heidelberg: Springer (Nachdruck 2015)

Bauer, J. (2006): *Warum ich fühle, was du fühlst. Intuitive Kommunikation und das Geheimnis der Spiegelneuronen.* Heyne. München

Bauer, J. (2006a): *Prinzip Menschlichkeit. Warum wir von Natur aus kooperieren.* Hamburg: Hoffmann und Campe.

Bowlby, J. (1982): *Das Glück und die Trauer. Herstellung und Lösung affektiver Bindungen.* Stuttgart: Klett-Cotta.

Der Paritätische Gesamtverband (Hrsg.) (2015): Arbeitshilfe Kinder- und Jugendschutz in Einrichtungen. Online verfügbar unter: ↗ https://www.paritaet-berlin.de/fileadmin/user_upload/Dokumente/2016/September/2016_09_29_kinder-und-jugendschutz-in-einrichtungen_web.pdf. Zugriff am 26.03.2020.

Dornes, M. (2006): *Die Seele des Kindes. Entstehung und Entwicklung.* Frankfurt am Main: Fischer.

Dreyer, R. et al. (2018): StimtS – Stimulaton oder Stress: Der Einfluss von Gruppenkonzepten auf Verhalten und Wohlbefinden junger Kinder in Kindertageseinrichtungen. Projekt- und Ergebnispräsentation. Verfügbar unter: ↗ https://www.ifaf-berlin.de/fileadmin/docs/Projekte__Dokumente_und_Bilder_/StimtS/20180425_Abschlussveranstaltung_StimtS_extern.pdf (Zugriff am 16.3.2020)

Gonzales, R. (2016): *Ein Leben in Mitgefühl. Inspirationen für eine tiefe innere Verbundenheit und Erfüllung.* Freiburg: Abor.

Gutknecht, D. (2014): Responsivität: Antworten und sich abstimmen. Verfügbar unter: ↗ https://www.nifbe.de/component/themensammlung?view=item&id=581:responsivitaet-antworten-und-sich-abstimmen&catid=44. Zugriff am 18.03.2020.

Gutknecht, D. (2018): Responsive Gestaltung von Mikrotransitionen in der inklusiven Kita. Verfügbar unter: ↗ https://www.kita-fachtexte.de/de/fachtexte-finden/responsive-gestaltung-von-mikrotransitionen-in-der-inklusiven-kita. Zugriff am 18.03.2020.

Honig, A. S. (1976): Parent involvement in early childhood education. Washington: National Association for the Education of Young Children, zitiert nach Textor, M.R.: Eltern: Kunden, Störer oder Partner? Verfügbar unter: ↗ https://www.kindergartenpaedagogik.de/fachartikel/elternarbeit/elternarbeit-grundsaetzliches-ueberblicksartikel/51. Zugriff am 20.03.2020.

Hörmann, K. (2014): Die Entwicklung der Fachkraft-Kind-Beziehung. Verfügbar unter: ↗ https://www.kita-fachtexte.de/fileadmin/Redaktion/Publikationen//KiTaFT_hoermann_2014.pdf. Letzter Zugriff am 14.3.2020.
↗ https://www.kita-fachtexte.de/fileadmin/Redaktion/Publikationen/KiTaFT_Schaefer_II_2018-Kulturderlernens_PaedagogischeOrientierungen.pdf. Zugriff am 22.03.2020.

Hüther, G. (2018): *Würde. Was uns stark macht – als Einzelne und als Gesellschaft.* München: Knaus, 3. Aufl.

Juul, J. (2013): *Dein kompetentes Kind. Auf dem Weg zu einer neuen Wertgrundlage für die ganze Familie.* Reinbek: Rowohlt.

Kalicki, B. (2018): *Erziehungspartnerschaft von Kindertageseinrichtung und Familie. Der Blick von Eltern und Fachkräften.* In: frühe Kindheit. Die ersten Jahre 06, S. 51.

Kashtan, I. (2015): LP15 Leadership Program: Instructions. ↗ http://www.baynvc.org.

Killian, D. & Connor, J.M. (2014): *Verbindung herstellen – Trennendes überbrücken.* Paderborn: Junfermann

Kirschke, K. & Hörmann, K. (2014): Grundlagen der Bindungstheorie. Verfügbar unter: ↗ https://www.kita-fachtexte.de/fileadmin/Redaktion/Publikationen/KiTaFT_kirschke_hoermann_2014.pdf. Letzter Zugriff am 14.3.2020

Kunz, T. (2014): Psychische Belastungen und Beanspruchungen in Kindertageseinrichtungen – und was man dagegen tun kann. Verfügbar unter: ↗ http://www.universum.de/uploads/607/Psychische_Belastungen_und_Beanspruchungen_in_Kindertageseinrichtungen.pdf, Zugriff am 8.10.2019.

Larsson, L. (2012): *Wut, Schuld und Scham. Drei Seiten der gleichen Medaille.* Paderborn: Junfermann.

Leitner, B. (2011): Mit Kindern reden – Verbindliche Kommunikation mit den Jüngsten. Verfügbar unter: ↗ https://www.kita-fachtexte.de/de/fachtexte-finden/mit-kindern-reden-verbindliche-kommunikation-mit-den-juengsten. Letzter Zugriff am 28.03.2020

Leitner, B. (2020): Gewalt von Fachkräften gewaltfrei verhindern. KiTa aktuell 2, S. 36–38, abrufbar unter: ↗ https://gfk-in-kita-und-schule.de/wp-content/uploads/gewalt-von-fachkraeften-gewaltfrei-verhindern-kita-aktuell-2-2020.pdf. Zugriff am 28.03.2020

Ministerium für Soziales, Gesundheit, Familie, Jugend und Senioren des Landes Schleswig-Holstein (Hrsg.) (2006): Die Kinderstube der Demokratie. Partizipation in Kindertageseinrichtungen. Verfügbar unter: ↗ https://www.kinder-beteiligen.de/dnld/kinderstubederdemokratie.pdf. Letzter Zugriff am 23.03.2020.

Neufeld, G. & Maté, G. (2006): *Kinder brauchen uns.* Bremen: Genius Verlag.

Prengel et al. (2017): Reckahner Reflexionen. Zur Ethik pädagogischer Beziehungen. Online verfügbar unter: ↗ http://paedagogische-beziehungen.eu/wp-content/uploads/2017/11/bf_Broschu%CC%88re-ReckahnerReflektionen.pdf. Letzter Zugriff am 24.3.2020.

Remsperger, R. (Hrsg.) (2013): *Feinfühligkeit im Umgang mit Kindern. Kindergarten heute spezial.* Freiburg: Herder.

Rogers, C.R. (1983): *Entwicklung der Persönlichkeit.* Stuttgart: Klett-Cotta, 4. Aufl.

Rosenberg, M.B. (2004): *Gewaltfreie Kommunikation. Eine Sprache des Lebens.* Paderborn: Junfermann, 5. überarbeitete und erweiterte Aufl.

Rosenberg, M.B. (2004a): *Konflikte lösen durch Gewaltfreie Kommunikation.* Ein Gespräch mit Gabriele Seils. Freiburg: Herder, 8. Aufl.

Rosenberg, M.B. (2005): *Kinder einfühlend ins Leben begleiten: Elternschaft im Lichte der Gewaltfreien Kommunikation.* Paderborn: Junfermann, 3. Aufl.

Schäfer, G.E. (2018): *Kultur des Lernens – Pädagogische Orientierungen.* Verfügbar unter: ↗ https://www.kita-fachtexte.de/de/fachtexte-finden/kultur-des-lernens-paedagogische-orientierungen.

Schleiffer, R. (2016): Lernen und Bindung im Kindesalter. ↗ https://www.kita-fachtexte.de/de/fachtexte-finden/lernen-und-bindung-im-kindesalter (Letzter Zugriff am 20.07.2020)

Schulz von Thun, F. (1989): *Miteinander reden 1. Störungen und Klärungen.* Reinbek: Rowohlt

Singer, T. & Bolz, M. (Hrsg.) (2013): *Mitgefühl in Alltag und Forschung.* E-Book. München: Max-Planck-Gesellschaft.

Spiewak, M. (2013): Hattie-Studie: Ich bin superwichtig! *Die ZEIT* Nr. 2.

Stierlin Doctor, L. (2010): Kommunikationspsychologie nach Schulz von Thun und Gewaltfreie Kommunikation nach Rosenberg – eine gegenseitige Bereicherung? In: Schulz von Thun, F. & Kumbier, D. (Hrsg.): *Impulse für Kommunikation im Alltag. Kommunikationspsychologische Miniaturen 3.* Reinbek: Rowohlt.

Thich Nhat Hanh (2013): *Das Herz von Buddhas Lehre: Leiden verwandeln – die Praxis des glücklichen Lebens.* Freiburg: Herder.

Thiersch, R. (2006): Familie und Kindertageseinrichtung. In: Bauer, P. & Brunner, E. (Hrsg.): *Elementarpädagogik. Von der Elternarbeit zur Erziehungspartnerschaft.* Freiburg: Lambertus.

Viernickel. S. & Voss, A. (2013): STEGE Strukturqualität und Erzieher_innengesundheit in Kindertageseinrichtungen. Verfügbar unter: ↗ https://www.unfallkasse-nrw.de/fileadmin/server/download/PDF_2013/studie_stege.pdf. Zugriff: 27.3.2020

Viernickel, S., Fuchs-Rechlin, K., Strehmel, P., Preissing, C., Bensel, J. & Haug-Schnabel, G. (2015): *Qualität für alle. Wissenschaftlich begründete Standards für die Kindertagesbetreuung.* Freiburg: Herder.

Viernickel, S., Nentwig-Gesemann, I., Nicolai, K., Schwarz, S. & Zenker, L. (2013): Schlüssel zu guter Bildung, Erziehung und Betreuung. Bildungsaufgaben, Zeitkontingente und strukturelle Rahmenbedingungen in Kindertageseinrichtungen. Online verfügbar unter ↗ https://www.bildungsserver.de/fisonline.html?FIS_Nummer=1013294. Letzter Zugriff am 25.3.2020

ANHANG

1. Gefühle

Pseudogefühle bzw. intellektualisierte Gefühle[50]

abgeschnitten
abgewertet
angegriffen
ausgenutzt
bedroht
benutzt
beraubt
beschämt
beschimpft
bevormundet
eingeengt
eingeschüchtert
gequält
gestört
gezwungen
in eine Schublade gesteckt
interpretiert
kontrolliert
missbraucht
nicht ernst genommen
nicht verstanden / gehört / gesehen / respektiert
niedergemacht
provoziert
psychologisiert
reduziert
übergangen
ungewollt
unterbrochen
unterdrückt
unwichtig
verarscht
vergewaltigt
verhört
verlassen
vernichtet
verraten
versetzt
vertrieben
zurückgewiesen

50 Pseudogefühle sind Beschuldigungen und daran zu erkennen, dass sie nicht im Körper gespürt werden können.

Gefühle, wenn Bedürfnisse erfüllt sind:

amüsiert
angeregt
atemlos
aufgeregt
ausgelassen
behaglich
berührt
beschwingt
bewegt
entspannt
erfüllt
erleichtert
fasziniert
friedlich
froh
fröhlich
gebannt
geborgen
gelassen
glücklich
heiter
hoffnungsvoll
inspiriert
lebendig
munter
neugierig
ruhig
selig
sicher
sorglos
übermütig
unbekümmert
verliebt
verspielt
vertrauensvoll
wohl
zufrieden
zuversichtlich
....
....
....
....
....
....
....

Gefühle, wenn Bedürfnisse nicht erfüllt sind:

alarmiert
ambivalent
angespannt
ängstlich
apathisch
ärgerlich
aufgewühlt
ausgelaugt
besorgt
bestürzt
betroffen
betrübt
blockiert
entsetzt
erschöpft
erschrocken
frustriert
gehässig
gehemmt
genervt
hilflos
hin- und hergerissen
irritiert
kummervoll
lethargisch
lustlos
mitgenommen
müde
nervös
ohnmächtig
perplex
pessimistisch
rasend
schlaff
schläfrig
traurig
überreizt
unruhig
unsicher
unter Druck
unwohl
verbittert
verstimmt
verwirrt
verzweifelt
wütend
zornig
....
....
....
....
....
....
....

2. Menschliche Bedürfnisse[51]

2.1 Liste menschlicher Bedürfnisse

Bei jedem Menschen müssen die folgenden Bedürfnisse erfüllt sein, damit er leben und sich gesund entwickeln kann.

Existenzerhaltung
Nahrung, Trinken, Obdach, Wärme, Licht, Atmen, Urinieren, Stuhlgang, Bewegung, Berührung (sensorischer Anreiz)

Schutz
Sicherheit, Fürsorge, Unterstützung, Schutz vor Gefahr (auch vor Krankheitserregern)

Liebe und Zuneigung
Respekt und Achtung, Nähe, Einfühlung, Wertschätzung, Ausdruck von Gefühlen, Humor, Vertrauen, Intimität, Zärtlichkeit, Geborgenheit, Verbundenheit mit der Natur

Lernen und Verstehen
Neugier, Intuition, Sinnhaftigkeit, Spielen, Austausch, Ehrlichkeit (die uns hilft, unsere Grenzen zu erkennen) Feedback, Inspiration

Einfluss / Beteiligung / eine Stimme haben
Hingabe, Gemeinschaft, Zugehörigkeit, Die eigene Meinung einbringen, Rituale, Feiern (auch gemeinsam trauern!), die eigenen Fähigkeiten für das einsetzen, von dem man glaubt, dass es dem Leben dient

Erholung
Schlaf, Ausruhen, Entspannung, Rückzug, Spontanität

Schöpferischer Selbstausdruck
Begeisterung, Selbstausdruck, Kreativität; die eigene schöpferische Kraft spüren und ausleben

Identität
Selbstachtung, Authentizität (Ich lebe das, was ich wirklich bin), Integrität (Was ich tue, stimmt mit meinen eigenen Werten überein), Selbsterfahrung, sexueller Ausdruck

---

51 Diese Bedürfnisliste geht auf den chilenischen Wirtschaftswissenschaftler Manfred Max-Neef zurück.

Freiheit
Autonomie (die eigenen Ziele und Werte selbst bestimmen), Leidenschaft, gleiche Rechte; auch anderer Meinung sein dürfen; Entscheidungsfreiheit

Transzendenz / Spiritualität
Bewusstheit, „geborgen sein im Kosmos", Ordnung, Sinnhaftigkeit

2.2 Menschliche Bedürfnisse, kindgerecht formuliert

So könnten die Bedürfnisse in Kindersprache formuliert sein.

Existenzerhaltung
Möchtest du essen oder trinken?
Brauchst du ein Zuhause?
Brauchst du Wärme oder Licht?
Musst du pullern oder kacken?
Möchtest du, dass dich jemand berührt / anfasst?
Möchtest du dich bewegen/ laufen/ toben?

Schutz
Brauchst du, dass sich jemand um dich kümmert?
Willst du sicher sein?
Brauchst du Schutz?
Soll jemand auf dich aufpassen?
Soll dir jemand helfen?

Liebe und Zuneigung
Ist es dir wichtig, dass es um dich geht?
Wir merken, was bei dir los ist.
Ist dir wichtig, gestreichelt und liebkost zu werden?
Willst du Spaß?
Willst du in der Natur sein?
Brauchst du, dass jemand für dich da ist?

Lernen und Verstehen
Willst du neugierig sein dürfen?
Willst du deine Ideen einbringen können?
Willst du wissen, was die anderen meinen?
Willst du mit anderen zusammen etwas machen?

Einfluss / Beteiligung / eine Stimme haben
Willst du teilhaben?
Willst du dazugehören?
Willst du gehört werden?
Willst du wichtig sein?

Erholung
Willst du schlafen?
Willst du dich ausruhen?
Willst du kuscheln?
Brauchst du eine Pause?

Schöpferischer Selbstausdruck
Willst du Spaß haben, wenn du etwas tust?
Willst du etwas Eigenes schaffen?
Willst du merken, was du kannst / wie stark du bist?

Identität
Ist dir wichtig, selbst zu sehen, wer du bist?
Willst du zeigen, wer du wirklich bist?
Willst du zeigen, was dir wirklich wichtig ist?
Tust du nur das, was für dich wirklich stimmt?

Freiheit
Willst du selbst bestimmen dürfen?
Willst du die gleichen Rechte wie die anderen haben?
Willst du auch eine andere Meinung haben dürfen?

Transzendenz / Spiritualität
Willst du beschützt sein in der Welt?
Willst du wissen, dass jemand auf dich Acht gibt in der Welt?
Willst du wichtig sein?

Index

Dank

Jetzt ist es fertig. Das Buch, bei dem sich die Lektorin einige Zeit nicht sicher war, ob die Autorin mehr als einen Einstiegstext schreiben würde. Ich danke Ihnen für Ihr Vertrauen, Ihre Geduld, Ihr Fingerspitzengefühl, liebe Frau Carstensen. Vorher ermutigte mich Prof. Susanne Viernickel: „Ja, schreibe über GFK in der KiTa. Das klingt nach einem Herzensthema."

Etliche Freund*innen und Kolleg*innen aus Kindertageseinrichtungen stimmten ein und unterstützten mich mit Einblicken und Hinweisen im Schreibprozess. An dieser Stelle seien vor allem Roswitha Gräter-Haas, Michaela Röder, Winfried Wilms und Erni Schaaf-Peitz erwähnt.

„Wertschätzende Beziehungen in der KiTa sind so wichtig!", bestärkte mich ebenso die Kinder- und Jugendtherapeutin Dr. Agathe Israel und bereicherte mich mit ihrer Sicht zu dem Thema. Unterstützend empfand ich auch die GFK-Community, allen voran Marianne Sikor, Georgis Heintze, Iris Schmidt-Koopmann und Verena Speichert.

Gleichzeitig bin ich all jenen KiTa-Teams dankbar, mit denen ich in den zurückliegenden 15 Jahren in Workshops und Seminaren arbeiten und lernen durfte. Durch das Schreiben der Texte reflektierte und fühlte ich gemachte Erfahrungen noch einmal. Ich spüre, wie sehr ich diese Arbeit liebe! Es ist mir so wichtig, zur Qualitätsentwicklung in der KiTa beizutragen: Im Interesse eines guten, gesunden Aufwachsens der Kinder! Das Ergebnis meiner Erforschung liegt nun vor.

Brigitte Stenner, Karo Behlert, Heinz Hütter, Dina Gabovitch und Monika Kabas haben die Endfassung ganz oder in Teilen gelesen und mir hilfreiche Tipps gegeben. Euch an meiner Seite zu haben bereichert mich sehr. Danke.

Die Autorin

Barbara Leitner ist als Prozessbegleiterin, Trainerin und Coach mit dem Schwerpunkt Kita und Schule tätig. Seit 2008 vermittelt sie die Gewaltfreie Kommunikation (GFK) nach Marshall Rosenberg, vor allem bezogen auf die Herausforderungen des pädagogischen Alltags.

2016 wurde sie von der internationalen Organisation des CNVC als Trainerin der GFK zertifiziert. Bevor sie die GFK kennenlernte, beschäftigte sie sich mit verschiedenen Konzepten für Elterntrainings („Elternschule" angelehnt an das Gordon-Elterntraining „Starke Eltern – starke Kinder"), mit Themenzentrierter Interaktion und NLP. Sie hat einen NLP-Master und ist NLP Coach. Sie praktiziert Achtsamkeit in der Tradition von Thich Nhat Hanh.

Barbara Leitner bietet eigene Seminare an, kommt zu Inhouse-Fortbildungen und arbeitet als Selbstständige für verschiedene frühpädagogische Fortbildungsinstitute bundesweit. Sie ist Mitglied des PFV, der Deutschen Liga für das Kind, dem Netzwerk Fortbildung U 3 und anderen Verbänden.

Schwerpunkte ihrer Arbeit sind die Kommunikation und Verständigung in Teams (auch mit den Eltern) und die Entwicklungsbegleitung von Kindern. Ihrer Meinung nach findet Lernen (vor allem) statt, wenn sich alle Akteure wohlfühlen und gesund sind. Deshalb ist es ihr ein wichtiges Anliegen, die Position der pädagogischen Fachkräfte zu stärken.

Barbara Leitner studierte Journalistik, war jahrzehntelang als Autorin und Reporterin vor allem für den öffentlich-rechtlichen Rundfunk tätig. Ab 2000 konzentrierte sie sich mehr auf die Arbeit im Bereich Pädagogik/Frühpädagogik. Sie begann für die Fachpresse und auch Institutionen, Verbände und Stiftung in diesem Bereich zu arbeiten.

Seit 2014 koordiniert sie die Kita-Fachtexte von ASH/WIFF/FRÖBEL, jetzt ASH/FRÖBEL. Von ihr sind die Kita-Fachtexte „Gewaltfreiheit in der Kita" sowie „Mit Kindern reden – verbindliche Kommunikation mit den Jüngsten" erschienen.

↗ http://www.BarbaraLeitner.de

Die Illustratorin

Heike Reuter lebt und arbeitet als freiberufliche Kommunikationsdesignerin in Berlin und gestaltet unter dem Namen *Heikita Design* Printmedien und Corporate Designs für Projekte und Unternehmen, die etwas bewegen wollen.

Heikita ist die Koseform von Heike auf Spanisch. Den Spitznamen erhielt sie auf ihrer zweieinhalbjährigen Reise durch Südamerika, Neuseeland/Australien, Südostasien und Indien. In dieser Zeit wuchs auch ihr Interesse am Thema Bildung und Kommunikation. Sie absolvierte in Thailand eine Ausbildung zur Englischlehrerin und unterrichtete dort anschließend in einem Kindergarten und an einer buddhistischen Tempelschule.

Heike Reuter studierte Kommunikationsdesign und Medien an der Hochschule Wismar und an der weißensee kunsthochschule berlin. Im Rahmen ihrer Abschlussarbeit schrieb und gestaltete sie ein Kinderbuch für Erwachsene. Nach ihrem Studium arbeitete sie als Kommunikationsdesignerin und Art-Direktorin in verschiedenen Agenturen und Verlagen in Deutschland, Schweden und Neuseeland sowie an der weißensee kunsthochschule berlin.

Für dieses Buch fertigte Heike Reuter die Illustrationen an, wodurch eine produktive Zusammenarbeit mit der Autorin entstand.

↗ http://www.heikita-design.de

Seminare und Workshops der Autorin

Jahrestraining: *Gewaltfreiheit leben. GFK im pädagogischen Alltag*

*Acht Module (16 Tage) für Leiter*innen, Fachberater*innen und Trägerverantwortliche*

Sie werden mit der Essenz und den Schritten der GFK vertraut und lernen, diese im pädagogischen Alltag im Interesse einer demokratisch-integrativen Beziehungskultur zu nutzen. Sie werden befähigt, Fachkräfte in ihrer Interaktion mit den Kindern und den Eltern zu coachen.

Einzelkurse:

Kinder verstehen

Sie lernen, die GFK für die Beziehungsgestaltung zu Kindern in der Familie und in der Institution zu nutzen und zu mehr Zufriedenheit für beide Seiten zu gelangen.

Gewaltfreies Führen

In Kursen für Leiter*innen von KiTas und anderen Institutionen üben Sie, fürsorglich für sich und Ihr Team zu sein und Ihre Ziele gemeinsam zu erreichen. Wir üben u. a., empathisch zuzuhören, wertschätzendes Feedback zu geben und zu empfangen sowie Gewalt von pädagogischen Fachkräften gewaltfrei zu durchbrechen.

Online-Seminare:

Das Verhalten von Kindern verstehen – Vier-Wochen-Online-Kurs zur Fallberatung

Sie bringen Ihre Beobachtungen mit „schwierigen Kindern“ ein, lernen deren Sinn zu entschlüsseln und darauf angemessen pädagogisch, auch im Kontext der Gruppe, zu reagieren.

Ressourcevoll durch den KiTa-Alltag. Online-Kurs zur Selbstfürsorge / Einzeltermine

Gemeinsam reflektieren wir aktuelle Störungen aus dem KiTa-Alltag und erkennen hinter Urteilen und Erwartungen Bedürfnisse. Lustvoll können Sie Ihre eigenen Grenzen ausdehnen.

Werkstatt Gewaltfreie Kommunikation.
Ein Sechs-Wochen-Übungskurs für Erzieher*innen

Sie erleben sich im friedvollen und wertschätzenden Kontakt mit sich selbst und anderen, indem Sie Ihre eigenen Bedürfnisse ernst nehmen. Dadurch wächst das Verständnis für die anderen.

Mehr Informationen unter:
www.barbaraleitner.de
www.gfk-in-kita-und-schule.de

Über die Projektgruppe „GFK in der KiTa“ beim D-A-C-H deutsch-sprechender Gruppen für GFK e.V. unter: https://dach.gfk-info.de/gfk-netzwerk/projektgruppe-gfk-in-der-kita